NO DEJES NADA AL AZAR

15 Principios para el Éxito y las Historias que los Inspiraron

Foster Owusu y John Solleder

Como le fue contado a Mona Andrei

Prólogo de
Larry Thompson

NO DEJES NADA AL AZAR: 15 Principios para el Éxito
y las Historias que los Inspiraron

Publicado por
Tremendous Leadership
P.O. Box 267
Boiling Springs, PA 17007
717-701-8159 1-800-233-2665
www.TremendousLeadership.com

© 2020 Foster Owusu y John Solleder

Todos los derechos reservados. Ninguna parte de esta publicación puede ser reproducida, almacenada en un sistema de recuperación o transmitida de ninguna forma o por ningún medio, electrónico, mecánico, fotocopiado, grabado o de otra manera, sin el permiso previo del editor.

ISBN: 978-1-949033-44-1

Dedicatoria

Este libro está dedicado a todos los pioneros del mercadeo en red que nos han precedido. Su coraje y compromiso con esta industria ayudaron a derribar muros y estigmas. Gracias a ustedes, las personas de todo el mundo continúan mejorando sus vidas simplemente haciendo lo que aman. A medida que esta industria continúa creciendo, esperamos que las personas continúen construyendo sus negocios sobre una base de integridad, respeto y compasión genuina por los demás.

Tabla de Contenido

Prólogo de Larry Thompson vii

El "por qué" detrás de este libro ix

1   Principio 1: Despierta Emocionado por el Día— Un Arte y una Práctica 1

2   Principio 2: Escucha TU Razón— Es el Meollo del Asunto .15

3   Principio 3: Inculca la Mentalidad Correcta—Y no tendrás más remedio que triunfar 27

4   Principio 4: Crea equilibrio— Es la clave para mantener el rumbo 37

5   Principio 5: Comprométete. O arriésgate a rendirte demasiado pronto 47

6   Principio 6: Mira hacia atrás en la vida— No hay mejor momento que ahora para aprender de tu pasado. 57

7   Principio 7: Observa el Efecto Dominó Financiero 69

8   Principio 8: Riega la semilla 77

9   Principio 9: Muestra amor por los demás 89

10   Principio 10: Entrénate para Pensar como Piensan las Personas Exitosas. 97

11	Principio 11: Construye un Futuro Mejor—Comenzando hoy 105
12	Principio 12: Lidera con integridad 113
13	Principio 13: El éxito no ocurre simplemente. El éxito ocurre justo. 121
14	Principio 14: Imagina Que Esta es Tu Última Oportunidad 129
15	Principio 15: Prepárate para Tu Siguiente Nivel 137
16	¡Y ahora tú decides! 145
17	Conoce las Múltiples Caras de Nuestra Industria 147

Lecturas Recomendadas. 229

Prólogo de Larry Thompson

He estado involucrado en el mundo del mercadeo en red durante más de 53 años y he sido mentor de miles de personas que se han convertido en líderes. Estos son líderes a los que hoy me enorgullece llamar mis amigos. Dos de esas personas son John Solleder y Foster Owusu. Conocí a John en Hartford, Connecticut, en 1983. En ese momento, él era un hombre joven que recién comenzaba. No tenía dinero y conducía en un camión de correo estadounidense averiado. Sin embargo, tenía un gran potencial. Vi su deseo de inmediato. Su voluntad de trabajar duro y sus habilidades de liderazgo me llamaron la atención. Incluso después de que dejó la empresa para la que estaba asesorando en ese momento, nos mantuvimos en contacto y lo vi convertirse en uno de los ingresos más altos en una empresa de filtros de agua a mediados de la década de 1980. A partir de ahí, vi cómo seguía el mismo patrón de convertirse en uno de los principales ingresos en una empresa de galletas dietéticas unos años más tarde, cuando llevó esta empresa a todo el mundo.

    Lo seleccioné como uno de los doce miembros de mi círculo íntimo para Wealth-Building (Creación de Riqueza) y nuevamente vi su liderazgo en acción mientras traía a cientos de personas a mis clases de capacitación. Luego lo ayudé a ponerse el sombrero corporativo y trabajé con él para guiar a la empresa de otro amigo con estrategias que crecieron muy rápidamente y continuaron incluso después de que se dio cuenta de que el mundo corporativo no era para él.

A partir de ahí, volvió a su vocación en la industria del mercadeo en red y, por supuesto, continúa sobresaliendo hasta el día de hoy, ya que ayuda a liderar su empresa actual, donde ha estado durante más de 24 años. Siempre ha sido un gran alumno y maestro por derecho propio. Lo he observado a través de múltiples empresas y situaciones en las que siempre elige hacer lo correcto para ayudarse a sí mismo, a sus equipos y a varias empresas a "hacerlo bien".

A través de John, conocí a Foster Owusu e inmediatamente me cautivó la sonrisa y la historia de vida de Foster de no permitir que la pobreza cuando era joven en Ghana lo disuadiera de crear una vida mejor para él y su familia en Canadá. Foster también asistió a mis capacitaciones y siempre me hacía grandes preguntas. Su enfoque del liderazgo en su empresa actual ha sido único en el sentido de que ha sido el primero en muchas categorías y continúa liderando en la actualidad. Ambos compartimos una gran admiración por los fundadores de Amway y Foster tuvo una relación única al principio de su carrera con Rich DeVos.

Estos dos hombres —John y Foster— han hecho lo que predican, y me enorgullece decir que ambos son muy queridos amigos míos, ya que continúan ayudando y guiando a otros con integridad y los mismos principios con los que viven y comparten en este libro.

Larry Thompson

El "por qué" detrás de este libro

Si nos conoces en persona, sabrás que todo se trata de llamar a las cosas por su nombre. Tanto nuestros negocios como nuestras relaciones se basan en nuestra capacidad de ser francos, vulnerables y solidarios con nuestras redes. Es lo que esperamos de nosotros mismos. Es lo que esperamos el uno del otro. También es lo que damos de nosotros mismos. A nuestro modo de ver, estas tres características combinadas —ser directo, vulnerable y solidario— son la madre de la sinceridad. La sinceridad conduce a la confianza, y la confianza es la base para construir relaciones a largo plazo con las personas con las que resuenas. Y las "personas" son exactamente en lo que se basan nuestros negocios y nuestros éxitos.

Si bien ambos estamos en la industria del mercadeo en red, un modelo de negocios que se basa en relaciones genuinas y el autodesarrollo personal, los principios de este libro se pueden aplicar a cualquier modelo de negocios, ya sea que lideres una empresa o seas miembro de un equipo. Escribimos este libro porque creemos que eres como nosotros en que quieres controlar tu tiempo, tus finanzas y tu vida.

Más tiempo para dedicarte a hacer las cosas que te gustan, incluido compartir esos momentos cruciales en la vida de tus hijos: la obra de la escuela, el juego de hockey o la actuación del coro.

Más control sobre la cantidad de dinero que ganas para que puedas permitirte los placeres de la vida, ya sean simples o lujosos.

Más libertad para seguir tus sueños y marcar la diferencia en el mundo.

Independientemente de cómo definas los detalles de llevar una "vida exitosa", estamos seguros de que tu objetivo subyacente es ser dueño de tu tiempo para que puedas perseguir tus objetivos y concentrarte en las cosas que te hacen feliz; la felicidad es el objetivo final para todos nosotros.

¿Cómo sabemos esto? A lo largo de los años, hemos tenido el placer de trabajar con miles de personas. Ya sea que su visión del éxito incluyera sentarse detrás de un escritorio en una oficina de la esquina o poder tomar unas vacaciones adicionales cada año, el control y la libertad siempre jugaron un papel importante en la definición individual de llevar una vida exitosa.

En esencia, tú también quieres más de la vida. Estamos aquí para decirte que no hay absolutamente nada de malo en eso. De hecho, estamos aquí para animarte porque (como hemos descubierto) cuanto más obtienes de la vida, más tienes para devolver. Y al retribuir, nos referimos a contribuir a la mejora de toda la humanidad. Entonces, aunque tus metas puedan "sentirse" egoístas, en realidad no lo son. Son solo un medio para un fin. ¿No es esto un concepto asombroso? ¡Es como un acuerdo de ganar-ganar con la vida misma!

Y, aun así, para muchos, el éxito sigue siendo un sueño. Algo que vemos a otros lograr. Algo que es demasiado arriesgado para nosotros y nuestra situación de vida. Es lamentable, pero la gran mayoría de la gente reprime su propio potencial. ¿Por qué? Porque sienten que la rutina de nueve a cinco ofrece una red de seguridad predecible y una sensación de seguridad. Sin embargo, esta sensación de seguridad tiene un precio muy alto. El costo no es solo una pérdida de la sensación de plenitud en la que realmente estás a cargo de la única vida que puedes diseñar, sino también una sensación de privación. Privarse, sí. Pero también privar al mundo de tus talentos únicos que solo puedes ofrecer desde tu verdadero yo.

Incluso si no te conocemos personalmente, creemos que ya sabes esto. Por eso estás leyendo este libro. Sabes lo que quieres, pero no estás seguro de cómo llegar. Podemos ayudar. Pero antes de presentarnos, hay una cosa que nos gustaría dejar muy clara:

No creemos en esquemas de enriquecimiento rápido.

Nos mantenemos firmes en el hecho de que la mayoría de los planes para enriquecerse rápidamente (si no todos) son ideados y promovidos por personas poco éticas. ¿Qué sucede cuando alguien como tú compra una rápida y sucia promesa de riqueza? Al final, el único ganador es la persona que te convenció de que deberías acompañarlo en el viaje. ¿Entonces que pasa? Te diremos: te quedaste decepcionado y estafado de tu tiempo, tu dinero e incluso tus sueños y aspiraciones.

Lema de vida: Si una "oportunidad" parece demasiado buena para ser verdad, definitivamente lo es. ¡Y no dejes que nadie te engañe haciéndote creer lo contrario!

Obtener el control de tu tiempo, tus finanzas y tu vida ... ¿Qué significa eso exactamente? En pocas palabras, se trata de hacer las cosas que amas. Compartiendo tus talentos y pasiones. Vivir con un propósito. Todas estas declaraciones son sentimientos de éxito bien definidos y su logro es un proceso lento y constante. Uno que requiere trabajo y compromiso. Uno que valga la pena el esfuerzo.

Te invitamos a que consideres el siguiente mantra:
Cualquier cosa que valga la pena requiere trabajo.
Esfuerzo = Resultados = Una Vida Exitosa.

Y aunque a la mayoría de las personas les da escalofrío el concepto de "trabajo" (no porque sean vagos, sino porque es la naturaleza humana gravitar hacia el camino fácil, el camino de menor resistencia), es importante tener en cuenta que el trabajo no tiene por qué ser difícil. O, dicho de otra manera, el trabajo no tiene por qué ser *poco atractivo*.

Esto es especialmente cierto cuando la palabra "trabajo" se define como el acto de hacer algo que amas — tal como lo hemos estado haciendo durante 60 años combinados.

Y no para alardear, pero mirando hacia atrás y comparando los primeros años de nuestras carreras con los de hoy, incluso hemos logrado impresionarnos a nosotros mismos. Esto es lo que queremos para ti. Queremos que puedas mirar hacia atrás a lo largo de los años de tu vida y digas: *"¡Guau! Lo hice. ¡Mira la vida que he diseñado!"*

Y aquí hay una gran verdad. Uno que hemos visto una y otra vez, y creemos que encontrarás consuelo en ella:

Nunca puedes ser demasiado joven o demasiado viejo para seguir tus sueños. ¿Por qué? ¡Porque la felicidad y la sensación de plenitud no tienen edad! Al final de este libro, también nos complace compartir contigo los conocimientos y experiencias de otros líderes de la industria. Personas a las que tenemos el honor de llamar nuestros colegas y amigos.

Entonces, ¿Quiénes somos para desear tanta grandeza para ti?

Somos John Solleder y Foster Owusu. Dos individuos de diferentes orígenes y culturas con una visión compartida, una definición compartida de éxito y una pasión compartida por ayudar a otros a lograr *su* definición de éxito. De hecho, ese último— "ayudar a otros a lograr *su* definición de éxito" — es algo en lo que nos destacamos. ¿Por qué? Porque encaja en algo más que compartimos: buenos valores y un fuerte sentido de integridad.

Así es. Nos importa. Y para ser franco, no podríamos haber alcanzado los niveles de éxito que hemos alcanzado si no nos importara.

Si observas nuestro historial, estamos seguros de que estarás de acuerdo: la razón por la que somos buenos en lo que hacemos es porque los principios que seguimos (los que se describen en este libro) ¡funcionan! Y no solo para nosotros, sino también para las personas con las que tenemos el honor de trabajar— todos los días.

Es posible que no hayamos tenido el placer de conocerte en persona (todavía), así que comencemos contándote la historia de cómo nos conocimos.

La Perspectiva de John

Recuerdo mi primer encuentro real con Foster. Hubo dos cosas que me llamaron la atención de inmediato. Y si lo conoces, sabrás exactamente de qué estoy hablando.

Lo primero fue su sonrisa. Foster tiene una forma de conectarse con la gente que le permite saber de inmediato cuán genuino es. Escucha con ambos oídos, y cuando sonríe, sabes que esa sonrisa proviene de su corazón. Foster es una de las personas más sinceras con las que he tenido el placer de trabajar. Y después de todos estos años, todavía estoy orgulloso de llamarlo mi amigo.

Lo segundo que noté fue la forma en que él no solo tiene una lista de prioridades, sino que vive de acuerdo con ellas. En primer lugar, Foster tiene sus creencias espirituales. Su hermosa familia viene en segundo lugar. Y luego está su negocio. Sin embargo, los tres se armonizan a través de su compromiso, dedicación y autenticidad.

Al verlo ... al escucharlo hablar el primer día que nos conocimos ... pude ver de inmediato lo claro que estaba sobre lo que era realmente importante para él, e inmediatamente reconocí a Foster como alguien a quien quería en mi equipo. Supe desde el momento en que lo escuché hablar que él era alguien con quien podía contar para trabajar juntos mientras subíamos la montaña hacia nuestros objetivos empresariales.

Amistades como esa no ocurren todos los días, y honestamente puedo decir que me siento bendecido por tener la oportunidad de conocerlo y trabajar con él durante todos estos años. Es un gran general de campo para su equipo y estoy orgulloso de tenerlo en mi vida.

Habiendo dicho esto, después de que él y yo escribimos nuestros propios libros individualmente, me di cuenta de que era hora de que colaboráramos e hiciéramos algo especial. Algo que ayudaría a otras personas como nosotros— personas que quieren algo mejor para ellos, sus familias y sus comunidades.

La Perspectiva de Foster

Quizás el mejor lugar para comenzar este viaje histórico de cómo nos conocimos John y yo, es señalar que se dice que casi todos los lamineros conocen a las personas por "accidente". No en nuestro caso. Sinceramente creo que nuestros caminos se cruzaron por una razón y con un propósito.

Mi primer encuentro con John fue a principios de la década de los 90. Aunque no había una relación directa entre nosotros dos en ese momento, su nombre se destacaba en todas las presentaciones de negocios a las que asistía. Incluso en ese entonces— hace casi 30 años— John era reconocido como un líder.

Hoy puedo decir honestamente que John es el pilar detrás de mi decisión de unirme a la empresa en la que he estado desde 1999. Hasta el día de hoy, se debe en parte a mi confianza en él y su capacidad como líder que he sido capaz de mantenerme fiel a la construcción de mi propia organización.

¿Cuándo conocí a John por primera vez? La fecha exacta fue el 20 de febrero de 1999. Lo recuerdo bien. Él era un orador invitado en un evento importante en Toronto, Canadá, y su mensaje, su sentido de convicción y compromiso ... todo me resonó. Y todavía lo hace hasta el día de hoy.

Se sabe que George Washington dijo: *"Al final la verdad prevalecerá donde exista el dolor de sacarla a la luz."*

Cualquiera en los negocios, cualquiera que esté siguiendo un sueño o tratando de alcanzar una meta, sabe que el camino hacia el éxito está lleno de momentos de dolor. Hay compromiso. Un estado del ser que requiere nuestro enfoque constante. Hay sacrificios. A veces la vida sería más fácil si no tuviéramos este ardiente deseo dentro de nosotros.

Hasta el día de hoy, la convicción y el compromiso de John resuenan con mis propios valores y sentido de integridad. Solamente ese fundamento describe nuestra amistad duradera, y me enorgullece llamar a John mi amigo.

No dejes nada al azar. ¿Qué significa eso exactamente?

Independientemente de lo que te hayan enseñado o hecho creer, el éxito no es solo para unos pocos elegidos. Y para demostrar esto, es hora de dejar los pompones de porristas y presentarnos formalmente.

Como se mencionó, somos John Solleder y Foster Owusu. Solo un par de personas con una visión, una pasión genuina por ayudar a los demás y algunos principios probados para lograr el éxito. ¡Nuestro objetivo con este libro es compartir estos principios contigo!

Como se mencionó, cada uno de nosotros escribió un libro sobre nuestras experiencias para lograr el éxito a través de nuestras respectivas organizaciones de mercadeo en red. El libro de John es *Avanzando (Moving Up): Secretos de la Vida Real para Llegar de Aquí hacia Allá*, y el libro de Foster se titula *Cómo Despedir a tu Jefe y Emplearte a Ti Mismo*.

Con una pasión compartida por ayudar a otros a alcanzar tus sueños, nuestra intención para este libro— el que ahora tienes en tus manos— está diseñado para ayudar a tantas personas como sea posible.

Si bien nuestro modelo comercial es el mercadeo en red (base perfecta para ayudar a otros y ver el valor real y los resultados de nuestro trabajo), nuestro proceso, enfoque y los principios descritos en las siguientes páginas allanarán el camino hacia tu éxito, sin importar la industria en la que te encuentres y cuáles son tus objetivos.

Desde trabajadores autónomos y contratistas hasta emprendedores que desean construir su propio imperio. Desde madres solteras que trabajan para equilibrar sus muchas tareas, hasta familias de ingresos dobles que tratan de encontrar el equilibrio. Creemos firmemente que los principios descritos en este libro pueden guiar a cualquiera a una vida llena de libertad, pasión, propósito y plenitud. Esto se debe a que una vida de calidad solo ocurre por diseño.

TU vida, TU diseño.

Como revelan los principios a lo largo de este libro, el éxito no es una fórmula secreta que solo puedan conocer algunos individuos afortunados. El control de tu tiempo, tus finanzas y tu vida es una forma de pensar que cualquiera puede lograr. A veces, todo lo que se necesitas es un poco de orientación. Este libro ES esa guía. Construir un negocio. Dejar de alquilar tu tiempo para que otra persona pueda beneficiarse de tus talentos. Ser dueño de tu vida con un sentido de propósito. Proveer a tus hijos y, lo que es más importante, estar allí cuando lo necesiten. Madres solteras, padres que trabajan, emprendedores… Este libro no solo te proporcionará las herramientas y conocimientos para hacer realidad tus sueños de éxito, sino que también te recordará la importancia de vivir una vida con propósito; para ti, para tu familia y para la sociedad.

"¿Para la sociedad?" Te preguntas.

Sí, para la sociedad. Otra fuerte creencia que compartimos es que nuestro tiempo aquí en la tierra se trata de contribuir. Y nadie puede contribuir de todo corazón a menos que haya descubierto su mejor yo. Después de todo, ¿no es ese el verdadero significado de llevar una vida exitosa? Es una lógica simple: cuanto más feliz eres, más realizado y satisfecho estás y más tienes para dar:

A tus hijos.

A tu pareja.

A tus padres.

A tus hermanos.

A la anciana que te tomas un momento para ayudar mientras ella lucha con su bolsa de comestibles.

Existen todo tipo de modelos de negocio. Tradicional. Franquicia. Orientado a productos y servicios. Encontrar satisfacción, propósito y pasión es un viaje individual. Resulta que hemos encontrado nuestro lugar feliz con el mercadeo en red.

Uno de los aspectos del mercadeo en red que nos atrae es que es el único modelo de negocio que fomenta un sistema de apoyo integrado. De hecho, ningún otro modelo de negocio fomenta el autodesarrollo y el crecimiento como el mercadeo en red. Podemos atribuir nuestro éxito a este hecho.

Esto es importante ya que cualquier objetivo en la vida, ya sea construir un negocio o desarrollar un conjunto de habilidades, enfrenta un gran obstáculo. Puede que lo sepas. Este obstáculo universal es mantener el enfoque y el compromiso con una meta. Este obstáculo tiene algunos nombres con los que quizás ya estés familiarizado, siendo la procrastinación y las distracciones las más comunes. (¡Y pensabas que eras solo tú!)

Como hemos descubierto a lo largo de nuestros muchos años en esta industria, el mercadeo en red se puede resumir con las palabras del autor, vendedor y orador motivacional Zig Ziglar.:

"Obtendrás todo lo que quieras en la vida si ayudas a otras personas a conseguir lo que quieren."

Así es como manejamos nuestros respectivos negocios todos los días. Y aunque dedicamos gran parte de nuestro tiempo a compartir nuestras ideas a través de charlas en público, tutoría individual y programas de capacitación grupal diseñados para ayudar a otros a lograr sus objetivos financieros y empresariales, nuestro deseo con este libro es doble:

1. Ayudar al mayor número posible de personas a alcanzar sus objetivos.
2. Proporcionar pautas tangibles y una referencia fácil para cualquier persona que se esfuerce por ayudar a los demás.

Si bien es posible que tengas este libro en tus manos hoy como una forma de que podamos ayudarte a lograr tus objetivos, es más que probable que algún día utilices los mismos principios descritos en este libro para ayudar a otros a lograr sus sueños personales.

¡Imagina tus logros cuando hayas llegado a un punto en tu vida en el que quieras retribuir y ayudar a otra persona a lograr su sueño de éxito!

Cuando construyes un negocio de mercadeo en red, tu principal activo eres tú mismo. TÚ eres la columna vertebral de tu negocio. Por eso es tan importante el esfuerzo de invertir continuamente en TI MISMO.

Nuestra promesa

Invertir en ti mismo comienza hoy. Tu yo futuro te lo agradecerá.

Y nos gustaría aprovechar este momento para felicitarte. Felicitaciones por querer más para ti y tu familia. Felicitaciones por seguir los pasos para aprender a sacar más provecho de tu vida. Felicitaciones por asumir el compromiso de invertir en ti mismo. Aprender lleva tiempo y, como pronto descubrirás, realmente lo vales.

CAPÍTULO 1

Principio 1: Despierta Emocionado por el Día–Un Arte y una Práctica

Dondequiera que mires— tanto en línea como fuera de línea— la gente habla de la importancia de tener una actitud mental positiva. Hay libros sobre el tema, videos de YouTube e incluso entrenadores de vida que predican los beneficios y el poder del pensamiento positivo.

Alerta de spoiler: estamos de acuerdo al 100%. Un ingrediente clave para lograr cualquier cosa en la vida, especialmente para lograr tus objetivos, es una actitud mental positiva.

Despertarse emocionado por el día que tienes por delante tiene un impacto directo en el resultado de cualquier día —de nuevo, estamos de acuerdo. Pero aquí hay un pequeño detalle que nadie parece mencionar: los seres humanos no nacen con la capacidad natural de despertarse emocionados por el día que les espera. Simplemente no es cómo estamos programados. Cuando lo piensas, los bebés se despiertan sintiéndose incómodos y lloran para llamar la atención de sus padres. Incapaces de expresarse con palabras, sus llantos dicen mucho sobre el hambre, un pañal que necesita cambiarse o simplemente la necesidad de que lo carguen y lo abracen.

El llanto de angustia es la forma que tiene un bebé de comunicar que algo anda mal o que tiene una necesidad. Llorar no solo es un hábito que creamos con nuestro primer aliento, sino que surge de un instinto de supervivencia.

Por ejemplo: el primer día de nuestra vida, nos despertamos sintiéndonos miserables. No solo eso, sino que aprendemos a aceptar esto como algo normal.

Aquí tienes una pregunta…

Si despertarse sintiéndose miserable comienza como una necesidad de sobrevivir y luego se convierte en un hábito, ¿no debería haber una manera de cambiar este hábito o aprender uno nuevo ya que ahora podemos levantarnos y ocuparnos de nuestras propias necesidades? La respuesta es: ¡Absolutamente!

A lo largo de nuestros años en los negocios y a lo largo de nuestra vida personal, hemos descubierto que despertarnos emocionados por el día— todos los días— es tanto un arte como una práctica. Es un cambio de juego y algo por lo que todos deberían esforzarse. Es el primer paso para llevar una vida feliz y vivir la vida de sus sueños.

Los primeros pasos para cambiar cualquier aspecto de nuestra vida— ya sea un hábito o una circunstancia— es la conciencia y la aceptación. Primero, la conciencia de que se debe realizar un cambio. En segundo lugar, la aceptación de que queremos (¡y podemos!) hacer ese cambio. Esta aceptación también se puede acuñar como una responsabilidad. Una responsabilidad hacia ti mismo.

Seamos sinceros. A la gente buena le pasan cosas horribles, por lo que despertarse emocionado por el día no siempre es tan fácil como estar dispuesto a hacer un cambio. Si bien hoy admitimos ser embajadores plenos de los beneficios de despertarnos emocionados por el día que tenemos por delante, nuestras siguientes historias demuestran que también tuvimos que aprender este nuevo hábito. Y si podemos, es un hábito que vale la pena el esfuerzo.

Principio 1: Despierta Emocionado por el Día—Un Arte y una Práctica

La historia de Foster

Ya sea en mi vida o en la de otra persona, una cosa que aprendí muy pronto es que todo el mundo tiene problemas. De hecho, hay tantos problemas como personas en este planeta. Por nombrar solo algunas, las finanzas, la familia, la salud y las experiencias de la infancia que impactan nuestra autoestima. Y estos son solo la punta del iceberg. No importa qué desafíos enfrentes hoy, los problemas son— a falta de una mejor palabra— problema de todos. Un hecho de la vida es que los problemas son de todos. Y si me permites decirlo, los problemas son una lección de carácter. También son una oportunidad para desarrollar el carácter y crecer.

Mirando hacia atrás, después de estos muchos años, puedo decir que mis lecciones de carácter comenzaron un poco temprano. ¿Demasiado temprano? No puedo hablar por la autoridad Superior. Claramente, había un plan en marcha y, como cualquier persona en medio del dolor y la confusión, no hay forma de que pudiera haber sabido que, entre otras lecciones, mis primeros años serían una lección de gratitud.

Para darte un contexto de mi vida temprana, mi primera cama fue un tapete. No un colchón, sino una alfombrilla. Y tampoco me refiero a un tapete de yoga. Nací y crecí en un pequeño pueblo de África Occidental llamado Bosuso. Mi cama estaba tejida a mano y hecha con palos y ramas de palmera. Aunque no conocía la diferencia en ese momento, puedo decir lo siguiente con un corazón puro: mi lugar para dormir no fue hecho para la comodidad. Pero era una cama— mi cama. Situada en el suelo de la habitación de mis padres junto a mi madre, realmente no tenía nada de qué quejarme. Sobre todo, porque en el momento de este recuerdo tenía siete años, y como lo es para cualquiera a esa tierna edad, estar al lado de tu querida madre es siempre el mejor lugar del mundo.

He aquí un vistazo de mi vida temprana.

Las noches las pasaba con mi abuela, con quien vivíamos, mis padres y mis hermanos: dos hermanos y dos hermanas. Ocho personas viviendo en una pequeña cabaña.

Independientemente de nuestras malas condiciones de vida, teníamos una vida familiar amorosa, y por eso estaré eternamente agradecido. Las horas de comida se pasaban en familia. Además de nuestras tareas, teníamos tiempo para jugar con los otros niños del barrio. Nuestra rutina nocturna consistía en lavarnos para prepararnos para ir a la cama, seguido de un tiempo juntos en la terraza escuchando a nuestra abuela y nuestra madre contarnos historias. Mirando hacia atrás ahora, esa era una parte preciosa del día y creo que todos lo sabíamos, incluso en ese entonces.

Mi abuela era comerciante de pescado. Hoy lo llamaríamos su "línea de trabajo", pero en realidad, era su forma de contribuir a la supervivencia de la familia. No teníamos nevera, así que ahumaba el pescado crudo todas las noches para secarlo, de modo que estuviera conservado y listo para la caminata del día siguiente hasta el mercado.

Además de escuchar historias familiares, mis hermanos y yo pasábamos las tardes haciendo nuestra parte pelando nueces de las semillas de palma. Así de jóvenes como éramos, mis hermanos y yo, jugábamos un papel importante en las tareas familiares; teníamos nuestras responsabilidades. No tengo quejas aquí. Era nuestra forma de vida.

Antes de acostarnos leíamos la Biblia. Y aunque no teníamos mucho, nada se daba por sentado. Todo fue una bendición, y debidamente respetado y reconocido como tal.

Luego vino la noche del 10 de octubre de 1970. La noche que lo cambió todo.

Principio 1: Despierta Emocionado por el Día—Un Arte y una Práctica

Mi padre estaba ausente por trabajo y yo estaba durmiendo en mi tapete en el suelo junto a la cama de mi madre cuando de repente algo me despertó. Con los ojos muy abiertos pero aturdidos, permanecí acostada en mi tapete en la oscuridad, dándome cuenta lentamente de que los quejidos y gemidos venían justo de arriba de mí. Mi madre estaba luchando, el dolor se escapaba en gritos, mientras la sangre goteaba de su colchón al suelo junto a mí.

Rápidamente corrí a la habitación de mi abuela en busca de ayuda. Como estoy seguro de que se pueden imaginar, ver a mi madre empapada en su propia sangre me dejó presa del pánico; No tenía ni idea de qué hacer. Al ver lo que estaba pasando, mi abuela rápidamente despertó a mis hermanos mientras me gritaba que llamara a la puerta del maestro de la escuela que estaba alquilando una habitación en nuestra cabaña. Él y yo salimos inmediatamente a pie al centro de salud más cercano de nuestro pueblo. En términos actuales, el centro de salud sería el equivalente a una clínica. Como vivíamos en un pequeño pueblo, no había hospitales cercanos.

El maestro y yo logramos conseguir una ambulancia, una camioneta Volkswagen pequeña, para ir a nuestra casa y llevar a mi madre al hospital más cercano. Embarazada, claramente estaba sufriendo complicaciones.

Esa noche en su habitación, viéndola sufrir y acostada en su propia sangre, fue la última vez que vi a mi madre. Murió en la ambulancia de camino al hospital. Sin que ninguno de nosotros lo supiera en ese momento, mi padre se uniría a ella siete años después, no mucho después de que yo cumpliera 14 años.

Antes de llegar a esa historia, quiero aprovechar esta oportunidad para darle crédito a mi abuela. Era la madre de mi madre y, como estoy seguro de que podrás imaginar, habría dado cualquier cosa— incluida su propia vida— por salvar la vida de su hija menor.

Mi abuela Christina era una mujer muy cariñosa. Ella hizo todo lo que pudo para cuidarnos y ayudarnos a mantenernos. A su vez, mis hermanos y yo hicimos lo que pudimos. Al crecer, no teníamos agua corriente ni inodoro. Todas las mañanas íbamos a buscar el agua diaria y la transportábamos en un balde que llevábamos encima de la cabeza. Así es. Esas fotos que ves de niños africanos cargando cubos de agua en la cabeza mientras caminan descalzos son una verdadera representación y era nuestra forma de vida. Eran necesarios unos diez viajes para asegurarnos de que nuestra abuela tuviera suficiente agua para hacer sus tareas del día mientras estábamos en la escuela. Esta era nuestra rutina matutina.

Entonces, una tarde calurosa recibimos la noticia de que habían llevado a nuestro padre al hospital. Esto fue todo un shock, en parte porque nunca habíamos visto a nuestro padre enfermo, pero sobre todo porque en algún lugar dentro de nosotros existía la creencia tácita de que después del fallecimiento de nuestra madre, nada malo podría o debería volver a sucederle a nuestra familia. La especulación sobre la muerte de mi padre fue que pudo haber sufrido un ataque cardíaco. La diferencia entre la muerte de mi madre y la de mi padre es que pude ver el cuerpo de mi padre después de su muerte. En contraste, cuando nuestra madre murió siete años antes, había sido una decisión familiar que mi hermanita y yo no viéramos a nuestra madre durante su funeral. Ahora me doy cuenta de que fue un intento de protegernos, ya que éramos muy jóvenes en ese momento.

"No se preocupen, volverán a ver a su mamá". Palabras dichas por nuestros tíos y tías y destinadas a consolarnos. Y un intento de evitar que nuestra inocencia fuera tragada por una tragedia que ningún niño debería tener que soportar. Aunque no entendía lo que realmente estaba pasando, una parte de mí creía todo lo que decían.

Principio 1: Despierta Emocionado por el Día—Un Arte y una Práctica

No fue hasta la muerte de mi padre durante mis primeros años de adolescencia que de repente me di cuenta de que mi madre y ahora mi padre realmente se habían ido para siempre. Nunca más volvería a escuchar sus voces, vería sus sonrisas, sentiría su contacto. Fue durante este tiempo de duelo por mi padre que comencé a cuestionar todo. Las palabras que resonaron en mi mente— "están en un lugar mejor"— no tenían sentido para mí. ¿Cómo podrían mis padres estar en un lugar mejor sin nosotros? ¿Sin mi abuela Christina, sin mis hermanos y sin mí?

¿Quién está detrás de todo esto?

Durante las lecciones de la escuela dominical, aprendimos sobre una "vida después de la muerte". Fue descrito como un lugar al que ibas a encontrarte con Jesús después de la muerte, y ahí es donde habían ido mis padres. Pero tanto de niño como de adolescente al borde de la edad adulta, me resultó muy difícil entender esto. No me di cuenta en ese momento, pero las preguntas que me perseguían se estaban convirtiendo en un vórtice de ira silenciosa.

Antes de ingresar a la escuela secundaria, había solicitado ingresar a la academia militar y fui aceptado. Afortunadamente para mí y posiblemente el destino mismo, mi hermano mayor, David, reconoció mi enojo y dio un paso al frente con un desaire paterno. Sabía que el hecho de que yo tuviera acceso a las armas con un corazón enojado solo podía causar problemas. Consciente de ello o no, creía que nos habían quitado injustamente a mis padres. Y aunque yo era demasiado joven para darme cuenta, mi hermano reconoció mi creciente necesidad de venganza. Lo que pude haber hecho o no, nunca lo sabremos. Hoy mi hermano y yo nos reímos de ese recuerdo. Si puedes imaginar una versión mía de 16 años, enojada con el mundo, y si me conoces en persona, estoy seguro de que estarás de acuerdo, es risible.

Al pensar en todo lo que pasé cuando era niño, creo que me ha redondeado y me ha dado un aprecio por la vida. También me ha proporcionado un sentido de gratitud y perspectiva que de otro modo no habría podido captar. Siendo de origen africano y sabiendo que no tenía ninguna de las cosas que tienen mis tres hijos hoy, me siento agradecida por mi capacidad para brindarles el estilo de vida que disfrutamos. Como ejemplo menor, mi hija (que en el momento de escribir esto tiene 18 años) siempre ha tenido su propia habitación, algo inaudito durante mi infancia en África Occidental.

Por supuesto, cuando les cuento a mis hijos las historias de mi propia educación y comparto el contraste de una vida a la que nunca han estado expuestos (las dificultades, el hecho de que nunca había suficiente comida, cómo no teníamos el concepto de agua corriente y plomería, cómo tenía 12 años antes de poder dormir en un colchón real), lo ven como una forma de disciplinarlos o como si estuviera tratando de ponerme duro con ellos. Francamente, solo intento demostrar lo afortunados que son. Incluso usaría la palabra "privilegiado" porque en el mundo de hoy, todavía hay personas que nunca tienen sobras para desperdiciar, simplemente porque nunca hay suficiente comida en la mesa. Tenemos una bendición increíble. Esto es algo que mis años de infancia nunca me dejarán dar por sentado, y por eso estoy realmente agradecido.

***

Mientras tanto, durante otro tiempo, en otra parte del mundo, John atravesó su propia oscuridad. Es difícil entender las experiencias por las que pasamos— especialmente mientras las estamos atravesando. ¿Son lecciones de vida? ¿El objetivo más grande es ayudarnos a crecer?

En el caso de John, su campo de pruebas rodeó la muerte de su hija nonata.

La historia de John

John conoció a su esposa, Josée, a principios de 2002. Como sucede con muchas parejas, el orden de sus vidas juntos siguió un ritmo natural. Se conocieron. Se enamoraron. Se casaron. Concibieron a su primera hija juntos. Fue un momento emocionante y feliz para su creciente familia, que también incluía a la hija de Josée de una relación anterior, y a quien John amó y aceptó de inmediato como suya.

La nueva bebé debía nacer a principios de febrero— una bebé de invierno— y según las visitas regulares al médico prenatal, todo iba bien. Como puedes imaginar, la preparación para la temporada navideña fue aún más festiva ese año. La promesa de una nueva vida y felices para siempre tiene ese efecto en las personas.

Luego, en la víspera de Año Nuevo, una ocasión que generalmente se combina con un nuevo comienzo y la expectativa de un futuro feliz, John y Josée se dieron cuenta de que algo no estaba bien. De hecho, algo andaba muy, muy mal.

"En un instante, nuestra alegría y emoción fueron reemplazadas por la terrible noticia de que nuestra bebé había muerto". Mientras John reflexiona, su voz se quiebra por la carga de un gran dolor que nunca desaparece del todo.

A los ocho meses de gestación, su bebé era alguien a quien habían llegado a conocer... era alguien de quien enamorarse. Dándole el nombre de cada una de sus madres, se vieron obligados a dar a luz a su hija sin vida. Era el 31 de diciembre de 2002, cuando la pequeña Alice Diane fue inducida a este mundo. Su silencio se hizo eco del vacío que sentían John y Josée. Fue uno de los días más oscuros y difíciles de sus vidas.

"Cuando los médicos confirmaron que nuestra bebé estaba muerta, la noticia nos paralizó en un doloroso silencio. Fue después del parto cuando regresamos a la casa y tuvimos que enfrentar el dormitorio que le habíamos preparado que todas las emociones brotaron de lo que parecía ser cada poro de nuestra esencia. Tuve amigos y familiares que fallecieron a lo largo de mi vida, pero no hay nada como la muerte de una creatura. Sucede. Escuchas historias sobre eso. Y, sin embargo, no puedes prepararte para eso.

"Cuando sucede algo como esto, te desgasta. Desafía tu fe y te hace cuestionar todo en lo que siempre has creído. Algunas de las preguntas que me encontré haciendo fueron: *¿Un bebé? ¿Por qué no me llevaste a mí? ¿Por qué no te llevaste a algunos de los malos que andan por ahí?*" recuerda John.

"Pasé por un período de ira. Me atormentaba un fuerte sentimiento de odio y resentimiento. Independientemente, todo lo que realmente tenía que apoyar era mi fe. Fue un momento tan difícil, pero diré que mis amigos en la industria del mercadeo en red ciertamente nos apoyaron. Fue entonces cuando realmente me di cuenta de que tener un grupo de apoyo es un regalo.

"Otra cosa que nos ayudó a superar esto fue que nosotros— Josée y yo— comenzamos a recurrir a nuestros muchos años de capacitación en autodesarrollo. Si nunca has perdido a un hijo o has pasado por una experiencia similar, permíteme asegurarte que te hace perder el rumbo. Te dices a ti mismo que las cosas pasan por una razón. Te haces preguntas a las que nunca imaginaste enfrentarte. Cuestionas tu fe. Cuestionas tus relaciones. Te preguntas a ti

Principio 1: Despierta Emocionado por el Día—Un Arte y una Práctica

mismo y a las razones por las que haces algo. Incluso te obliga a cuestionar tu propia existencia y propósito en la vida.

"Durante una época tan oscura, hay dos cosas por las que siempre estaré agradecido: mi fe y mis años de estudio en autodesarrollo, gracias a mi negocio. Fue en este momento cuando me enteré de que los dos están entrelazados.

"Llevo más de 30 años en la industria del mercadeo en red. Es la única industria que conozco que se centra en el "yo", que mide el éxito no por la cantidad de ganancias que obtienes, sino por cómo creces como persona y cómo ayudas a otros a crecer.

"Después de la muerte de Alice Diane, pasé por todas las emociones. La confusión. La ira. El resentimiento. Al mismo tiempo, mis pensamientos también me llevaron a reflexionar sobre el significado de algunas de las grandes obras que había leído a lo largo de los años. Por ejemplo, pensé en un libro que Jim Rohn escribió hace años llamado *Las Estaciones de la Vida*.

"En su libro, Jim usa la metáfora de las cuatro estaciones. La primavera es una época de optimismo y anticipación. Los árboles, las flores y la hierba están creciendo. Te sientes bien, renovado. Entonces llega el verano y ¿qué hacemos? Preparamos. Crecemos, planificamos y organizamos para el tiempo de inactividad. El otoño es un momento para cosechar y almacenar lo que hemos cultivado para el próximo tiempo de inactividad. Y, por supuesto, el invierno representa ese tiempo de inactividad. Recordar esta metáfora me hizo darme cuenta de que estaba en invierno— tanto en un calendario anual como en mi vida. También me hizo darme cuenta de que eventualmente el círculo continuaría y me llevaría a un momento de renovación. Aunque no podía sentirlo durante la oscuridad de mis emociones, sabía que era cierto desde una mentalidad lógica.

"La verdad es que la muerte de un niño viola las reglas de la naturaleza. Se supone que nuestros hijos deben enterrarnos, no al revés. Y, para ser honesto, esta violación desafió la relación entre Josée y yo durante lo que pareció mucho tiempo; si no se mide en un nivel lineal, ciertamente en profundidad. Mientras estábamos pasando por esto juntos, también lo estábamos pasando por separado. Pero debido a que mantuvimos nuestra fe, nuestro ingenio y nuestros sistemas de creencias en todo momento, junto con las habilidades de autodesarrollo que habíamos adquirido a lo largo de los años, puedo decir hoy que logramos salir adelante. Afortunadamente.

"Para sumarle a eso, no importa cómo llames a tu creador, el mío debe tener sentido del humor porque exactamente un año después de la muerte de nuestra bebé, y exactamente el mismo día— el 31 de diciembre— nació nuestro hijo Fred. Una época de invierno en el año calendario una vez más, pero esta vez representa una época de optimismo y esperanza. La primavera había llegado a nuestro camino, trayendo consigo un regalo: nuestro bebé.

"Desde el punto de vista del autodesarrollo, hay situaciones y eventos de la vida sobre los que no tienes control y que te desafían. No estoy promoviendo ningún sistema de creencias o religión, pero ciertamente promoveré la fe, porque tienes que creer en algo. Ese algo, no importa lo que sea para ti a nivel personal, es lo que te ayuda en los momentos difíciles.

"Hay algunas circunstancias que se quedan contigo para siempre. Al día de hoy, incluso después de todos estos años, sanamos un poquito más y lo hacemos en familia. Dos de nuestros hijos nacieron el mismo día, una fallecida y el otro muy vivo. Todos los años, el 31 de diciembre, celebramos a Alice por la mañana y luego celebramos a Fred por la tarde. Es nuestra forma de honrar a estos dos niños— uno que amamos sin importar nuestro dolor, otro que nos trae alegría todos los días."

***

Te contamos estas historias como recordatorio de que la vida nos desafía a todos. Independientemente de lo que pasó ayer, lo que cuenta es hoy. Todos tenemos decisiones que tomar, y una de las decisiones más importantes que puedes tomar en términos de cómo afectará tu vida es la actitud.

Es un hecho conocido que tener un plan es la mejor manera de lograr cualquier cosa, desde las tareas del hogar hasta la construcción de un negocio. Las siguientes son algunas sugerencias para ayudarte a desarrollar un enfoque habitual y saludable para despertarte emocionado por tu día. Si lo haces de manera constante y consciente, ¡estarás en camino de crear tu nuevo hábito!

- Escribe lo que quieres lograr en una semana, mes o año.
- Divide tus logros en tareas o pasos más pequeños y luego crea listas de tareas diarias que estén en línea con tu objetivo principal.
- Publica calendarios semanales o mensuales en la pared cerca de tu escritorio o en algún lugar donde los veas con frecuencia durante el día— en tu refrigerador y en tu automóvil— en cualquier lugar que te ayude a recordar tus objetivos y tareas.
- Revisa tus próximas semanas los domingos por la noche o los lunes por la mañana a primera hora.
- Se consciente de las pequeñas cosas:
  - Amaneceres/Atardeceres
  - El sonido de los niños riendo
  - El aroma del café de la mañana (¡Ah, y ese primer sorbo!)

- Programa tiempo para hacer las cosas que te gustan, incluido el tiempo libre con tu familia o simplemente viendo tu programa de televisión favorito.
- Lee libros inspiradores. (Consulta la lista de lecturas recomendadas al final de este libro).
- Desarrolla el hábito de buscar el lado positivo de cualquier situación y los atributos positivos de cada persona que conozcas.

CAPÍTULO 2

Principio 2: Escucha TU Razón–Es el Meollo del Asunto

Busca la palabra "vicio" en el diccionario y encontrarás definiciones que hablan sobre hábitos o prácticas inmorales (e incluso *malignas*). Incluso puedes tropezar con significados que hablan de "una debilidad de carácter". Aquí está nuestra definición de la palabra, o mejor aún, una respuesta a la pregunta: *¿Cuál es tu vicio?*

Para nosotros, no tiene nada que ver con ninguna debilidad de carácter o malos hábitos, sino más bien una *fuerza* que impulsa a una persona a lograr grandes cosas y lograr metas bien definidas. Metas que marcan la diferencia e impactan no solo en la persona o el grupo que las logra, sino también en la vida de todos los que los rodean, incluidos familiares y amigos, y quizás incluso en la vida de personas que quizás nunca conocerán.

Un vicio es algo que es tan importante para ti personalmente que te impulsa hacia adelante, brindándote la motivación y la inspiración que necesitas para mantener un hábito diario mientras avanzas lentamente hacia tu meta. Dependiendo de cuál sea tu vicio, ese hábito diario podría ser cualquier cosa, desde caminatas matutinas para ayudarte a lograr una meta de salud o de pérdida de peso, hasta una rutina de práctica diaria para aprender a tocar un instrumento o mantener un hábito de trabajo que te permita alcanzar ese anillo de bronce del éxito— sin importar cómo defina el éxito.

La palabra clave aquí es "diariamente". Un vicio te impulsa a lograr, completar, alcanzar. En otras palabras, un "vicio" no es necesariamente un mal hábito o una debilidad de carácter, sino más bien una fortaleza; una fuerza impulsora, una herramienta de empoderamiento que te da el control de tu vida. Un vicio también se puede describir como una "razón". Hay muchas razones por las que hacemos las cosas que hacemos o nos preocupamos por las cosas que nos importan. Si bien ambos hemos logrado el éxito en la misma industria con nuestros respectivos negocios, lo hacemos por razones muy diferentes. En otras palabras, ambos estamos impulsados por nuestros propios vicios individuales.

Reflexiones de John ...

Si comparo mi razón para hacer lo que hago hoy con mi razón de hace 30 años, mis motivos pueden haber pasado por algunas reiteraciones, pero en realidad, estoy impulsado por el mismo objetivo hoy que en ese entonces. En ese entonces tenía cuentas que pagar. Tenía que ganarme la vida. Hoy todavía tengo cuentas por pagar. Todavía tengo que ganarme la vida. Básicamente, a las personas les gusta asociar las validaciones emocionales con la razón por la que comienzan un negocio. Pero la realidad es que en 1983 necesitaba ganarme la vida para poder mantenerme. Y al igual que todos los demás, hoy todavía necesito mantenerme a mí mismo y a mi familia.

Recién salía de la universidad cuando comencé mi negocio de mercadeo en red. Aproximadamente un mes antes de graduarme, estaba buscando trabajo cuando descubrí el modelo comercial de mercadeo en red por pura casualidad. Por suerte para mí, comencé a ganar dinero casi de inmediato. Para darte un ejemplo, durante mi primer fin de semana en el negocio, vendí $ 800 en productos y obtuve alrededor de $320 en ganancias. Hace treinta años, eso era mucho dinero. Considéralo una ganancia suplementaria para alguien que tiene un trabajo de tiempo completo y hoy sigue siendo mucho dinero. Eso me dio confianza. Me demostró que, si lo malo se pusiera peor, al menos podría vender algo en lo que creía.

Así que aquí estamos hoy y las cuentas por pagar son mucho mayores porque ahora tengo una familia; pero fundamentalmente, la razón que me impulsa no ha cambiado. Todavía necesito ganarme la vida. Tengo dos hijos que están muy comprometidos con dos de los deportes más caros: el patinaje artístico y el hockey. Mis dos hijos reciben entrenamiento privado. En el caso de mi hijo, él va a una academia de hockey y mi hija es entrenada por un campeón olímpico. Y me enorgullece decir que puedo darles lo que necesitan para seguir sus sueños y pasiones— todo porque seguí los míos y sigo haciéndolo.

Mi punto es que si te vas a permitir dar a tu familia lo mejor que puedas y lo mejor que se merecen, ya sea educación o en este caso educación deportiva, estas cosas cuestan dinero. Escucharás hablar de razones emocionales, y eso no tiene nada de malo. De hecho, si te da coraje y motivación, más poder para ti. Al mismo tiempo, quiero señalar que la necesidad también es una razón que te empodera. Yo estaba solo a una edad bastante joven. Y aunque tuve algo de ayuda familiar aquí y allá, en su mayor parte no tuve más remedio que ganarme la vida por mi cuenta.

Una cosa por la que estoy agradecido es que aprendí cómo emplearme a mí mismo a una edad muy temprana. Cuando tenía 14 años, hice trabajo de jardinería para la gente de mi vecindario. Durante los meses de verano, cortaba el césped. Recogía bellotas en el otoño. Y durante los meses de invierno quitaba nieve. Mirando hacia atrás ahora, de alguna manera aprendí a una edad temprana cómo buscar oportunidades. También reconozco esto como algo que se tiene o no. Y si no lo tienes, la buena noticia es que es una habilidad para la vida que se puede desarrollar. Eventualmente terminé teniendo que contratar personas, y muchas de ellas eran mayores que yo en ese momento.

Cuando me fui a la universidad, todo cambió para mí simplemente porque me mudé de donde me habían criado y terminé renunciando a esos ingresos. En retrospectiva, probablemente fue una tontería. Mirando hacia atrás, debería haber— y podría haber— mantenido ese negocio en marcha. Como dicen, se vive y se aprende.

El mercadeo en red llegó por accidente cuando un amigo mío con quien me entrené en lucha libre me presentó este modelo de negocio en particular. Para mí tuvo mucho sentido desde el primer día. Y para ser perfectamente franco, no era como si fuera un grandioso experto en negocios. Solo necesitaba algo—un producto— para vender, y ese negocio de mercadeo en red en particular en ese momento tenía algo en lo que podía creer. Me brindó un camino hacia el negocio y, más que eso, me dio la oportunidad de desarrollar más mis talentos de emprendedor.

Ahora, volviendo a ese primer fin de semana y a mi éxito inicial, ¿me habría mantenido así si no hubiera ganado poco más de $300? ¿Fue solo suerte de principiante? Nunca lo sabré. A veces me pregunto si el hecho de que ganara tanto dinero tan pronto en el negocio fuera de alguna manera un regalo del cielo, porque desde ese primer fin de semana en la empresa, tuve la oportunidad de retribuir ayudando a muchos otros. personas a lo largo de los años.

Entonces, si bien la cifra en dólares fue buena para mí porque me dio un incentivo para continuar, el efecto de goteo fue que lo me impulsó a ayudar a otros. Resulta que mi razón original— lo que comenzó como una simple necesidad para ganarme la vida— se convirtió en algo mucho más grande y significativo de lo que había imaginado.

A veces hacemos cosas sin darnos cuenta de lo importantes que son o del impacto que estamos teniendo en ese momento. Nos despertamos por la mañana con la intención de revisar nuestra lista de tareas pendientes, y estamos tan concentrados en las tareas que a menudo no vemos el panorama general hasta años después, cuando nos damos cuenta de que algo en lo que creímos, en realidad era contagioso y también les estaba dando un propósito a los demás. Hoy lo llamamos "encontrar a nuestra tribu".

Optimismo: Una herramienta para permanecer motivado

Durante mi primer año de universidad me fui a Pensilvania occidental. Tenía algo de dinero de becas, pero básicamente mis padres no podían permitirse el lujo de que yo estuviera allí, y regresé a casa después de que mi padre sufriera un ataque cardíaco. Fue entonces cuando mis padres y yo nos dimos cuenta de que realmente necesitaba estar de regreso en Nueva Jersey.

En ese momento, necesitaba un vehículo y lo único que podía comprar era un jeep de correo. Nunca olvidaré esto. Me costó $1,000 y, si te puedes imaginar, este vehículo menos glamoroso se convirtió en mi medio para ir y volver de la universidad. Era asequible, pero había un par de aspectos negativos que lo acompañaban. En primer lugar, solo tenía un asiento. No podría pedirle a una chica que saliera conmigo, porque si lo hiciera, ¿dónde se sentaría? En segundo lugar, ese único asiento estaba en el lado equivocado del vehículo.

Este también fue el vehículo que conduje cuando comencé mi empresa de mercadeo en red. Una vez más, con un buen ojo para las oportunidades, tomé ese vehículo y, por más ridículo que cualquiera pudiera sentirse conduciendo un jeep de correos, logré convertir este negativo en positivo. Tomando en cuenta que UPS no era lo que es hoy, obtuvimos productos para nuestro creciente negocio a través del transporte aéreo. Enviábamos nuestros envíos al aeropuerto de Newark, y yo conducía hasta el aeropuerto con mi camión de correo y recogía los pedidos de todos por una pequeña tarifa del 3% de lo que fueran sus pedidos individuales. Todos los miembros de mi grupo apreciaron esto porque les estaba brindando un servicio que era conveniente para ellos. Por mi parte, había creado un negocio alterno a partir de mi negocio inicial. Las ganancias no me cambiaron la vida, pero me las arreglé para darle un giro positivo al hecho, a veces incómodo, de que estaba conduciendo un jeep de correo.

Cuando la vida no es perfecta (y seamos sinceros, rara vez lo es), es muy fácil concentrarse en los aspectos negativos de nuestras circunstancias. En mi caso, conducía un vehículo burdo y, para ser sincero, todos lo vieron. Ni siquiera era un vehículo "desagradable". Era un camión de correo. Uno que sería generalmente conducido solo por vocación. Y no lo compré para crear un centro de ganancias. Lo compré por necesidad. Era todo lo que podía pagar y necesitaba algo para ir y volver de la escuela.

Y aquí, por incómodo o poco convencional que pareciera, ese camión de correo se convirtió en un activo. De repente pude construir mi negocio más rápido porque las personas tenían una fecha de entrega regular como factor motivador. Pensarían: "Si puedo obtener mis productos el miércoles, puedo vender mi inventario y volver a pedir de inmediato".

Para demostrar el aspecto beneficioso para todos, sin este servicio de recolección y entrega que estaba proporcionando, mi equipo y mi red de clientes habrían dejado sus productos en el aeropuerto de Newark para que los recogieran lo antes posible (normalmente el sábado siguiente). Ese camión de correo creó un impulso y un flujo para mover productos. Y a la tarifa que estaba cobrando, que era razonable, los productos se vendían muy rápido, lo que significaba que el volumen de mi grupo aumentaba significativamente más rápido. Es cierto que era joven en ese momento y no tenía idea de lo ventajoso que era este pequeño servicio para todos, incluyéndome a mí.

Como regla general, las personas a menudo solo se enfocan en lo negativo. Pero comparto esta historia para demostrar que, si miras las cosas de la manera correcta, siempre encontrarás una oportunidad enterrada allí en alguna parte. En muchos sentidos, este es un hábito aprendido. No nacemos con la inclinación de buscar o enfocarnos en el lado positivo de las cosas. De hecho, todo lo contrario. Este es un hábito que debemos desarrollar y cultivar conscientemente.

Mantener el impulso: un juego que juego

Existe una ventaja competitiva en el modelo comercial de mercadeo en red que siempre me ha atraído. Casi como los deportes, me gusta esforzarme un poco más cada día. Por ejemplo, cuando comencé a trabajar en mi negocio, me desafiaba mes a mes para ver si podía hacerlo un poco mejor.

Como mencioné, ganar dinero fue inicialmente una necesidad. Comencé con la meta de ganar $1,000 al mes, porque eso era lo que necesitaba para pagar mis cuentas básicas. Una vez que lo alcancé de manera constante (lo cual fue bastante rápido), mi próxima meta fue de $1,500. Luego $2,000. En ese momento, estaba pensando en incrementos de $500 por mes, y la pregunta que me hacía siempre era la misma: "¿Qué puedo hacer a continuación para desafiarme a mí mismo?"

Para mí, comenzó como un ojo para detectar oportunidades y un juego de desafiarme a mí mismo para hacerlo siempre un poco mejor. Eso es lo que funcionó para mí y sigue impulsando mi razón de éxito. Para Foster, es muy diferente, y eso me encanta porque demuestra que hay tantas razones y oportunidades para tener éxito como personas en el mundo.

Reflexiones de Foster ...

Siempre he tenido una visión clara de lo que quería para mí: ser mi propio jefe. Y es esta claridad la que ha sido la fuerza impulsora detrás de mis razones para mantenerme motivado. Si puedo poner la gratitud en primer lugar, me considero bendecido por haber encontrado una carrera que me brinda satisfacción en todos los niveles, al tiempo que me brinda un sentido de propósito y los medios para obtener ingresos.

Desafortunadamente, la mayoría de las personas van a trabajar todos los días por la razón principal de ganar un sueldo y pagar sus deudas. ¿Disfrutan de su trabajo? ¿Encuentran satisfacción en ello? ¿Sienten que están contribuyendo a su sentido personal de realización? La respuesta a estas preguntas es no. Y, sin embargo, la gran mayoría de las personas, sin importar dónde vivan, quieren ser felices y exitosas en su vida laboral. La desconexión aquí es que la mayoría de las personas no pueden definir qué es la felicidad o el éxito *para ellos mismos* como individuos.

Realmente creo que cuando sabes lo que quieres de la vida—cuando puedes tener una imagen clara en tu mente— obtienes una mejor idea de tu verdadero propósito, que a su vez te brinda las herramientas para ser mucho más de lo que actualmente eres. Cuando eres más, obtienes más. No solo en las posesiones materiales, aunque esto también cae orgánicamente. A lo que me refiero aquí es más a una sensación de satisfacción interior. Todo se reduce a saber y comprender lo que quieres de la vida y tu lugar en el panorama general. El otro beneficio de una definición clara de lo que quieres es que te da la energía y el impulso para mantenerte motivado. Este ha sido mi secreto todo el tiempo.

Existe un vínculo directo entre las personas que son genuinamente felices y cómo se sienten con respecto a su trabajo, ya sea que lo vean como un trabajo o como una carrera. Puedes ser profesor, dentista, conserje de escuela o empresario. Cualquiera que sea tu trabajo, cuando amas lo que haces, tienes un impacto directo en tu sentido general de alegría.

El éxito genuino se trata de convertirse en la persona que debe ser al lograr tus sueños. Y como sabemos, los sueños son diferentes para todos. Tengo claras mis razones para hacer lo que hago. Y he notado que, debido a esto, estoy más dispuesto a superar cualquier obstáculo en el camino. Esto se debe a que una razón poderosa se convierte en el combustible que lo empuja a uno hacia adelante. Si mi definición de lo que quiero de la vida fuera vaga, las respuestas a muchas de las preguntas que surgen en mi camino hacia el éxito también serían vagas.

Otra creencia que tengo es que cada persona en este planeta tiene un propósito y una misión en la vida. El desafío para muchas personas consiste en descubrir cuál es su propósito. Aunque no siempre estuve seguro de los detalles, siempre supe que quería trabajar para mí mismo—hacer las cosas a mi manera. Cuando conocí el modelo comercial de mercadeo en red, me inscribí de inmediato porque sabía que esta era la oportunidad que me llevaría a marcar la diferencia.

Si bien el mercadeo en red es el medio para que yo sea mi propio jefe, también es el medio para trabajar y ayudar a otras personas. Esto es muy importante para mí, y el hecho de que esto sea lo que puedo hacer todos los días de mi vida es un gran sentimiento. En sí mismo, es un sentimiento de logro. También es lo que me lleva a ser lo que llamo "un productor" y un gran triunfador.

Una persona con una fuerte razón o un fuerte "por qué" hace una diferencia positiva en el mundo— tanto en la vida de su familia inmediata como en hacer una contribución a algo más grande que ellos mismos. Una razón clara sacará lo mejor de ti. Te lleva más allá de conformarte con la mediocridad. Es una fuerza impulsora.

Oportunidad Ilimitada

Uno de los muchos aspectos que me encantan de mi negocio de mercadeo en red es que me brinda esa sensación tan importante de oportunidades ilimitadas. No hay barreras laborales. La palabra "ilimitado" dice que eres parte de algo que es más grande que tú. Se trata de personas. Se trata de hacer las cosas de acuerdo con tu propio conjunto de valores. Se trata de presentar oportunidades a los demás. Se trata de compartir ideas y desarrollar, no solo como individuo sino como equipo. Y luego, por supuesto, está el hecho de que está proporcionando productos a las personas que los necesitan: productos que la gente usa, productos en los que tú mismo crees.

Incluso en el contexto de una economía inestable, siempre que estés dando lo mejor de ti mismo y trabajando sinceramente para hacer crecer tu negocio, nunca podrás ser despedido o perder tu trabajo porque tú tienes el control de tu propio éxito.

Atrayendo el Equipo Correcto

Existe una fuerte relación entre tus mensajes y tu público objetivo o lo que vendes y lo que compra la gente. Toma mi negocio de mercadeo en red como ejemplo. Está construido sobre una base de salud. Y aunque hay muchos productos en el mercado que promueven un estilo de vida saludable, todo mi negocio— desde los productos hasta los mensajes y la relación que tengo con mi equipo— se basa en la salud. Dicho de otra forma, la gente no se limita a comprar lo que vendes; compran lo que haces y en lo que crees. Tu integridad, tu moral y tus principios.

Entonces, aunque todos aprecian la buena salud, lo que distingue a mis productos de otros productos es que mi negocio se basa en una razón y un propósito. En otras palabras, una fuerza impulsora donde mi "por qué" resuena con el por qué de otras personas. La gente busca algo que sea mucho mejor que cualquier otro producto del mercado. Quieren relacionarse con *el mensaje*.

Volviendo a poner la responsabilidad sobre ti, el lector, el éxito en cualquier esfuerzo siempre será impulsado por la razón detrás de lo que haces. Averigua por qué quieres hacer algo y habrás descubierto tu propósito. Y tu propósito— tu *por qué*—siempre es más grande que tú. Esto es lo que lo convierte en una fuerza impulsora.

Tomemos a Martin Luther King como ejemplo. ¿Por qué tantas personas se presentaron ese día en Washington para escucharlo dar su discurso, "Tengo un sueño" ese día? Aparecieron porque su mensaje resonó con ellos. Aparecieron porque el mensaje de él, también era su mensaje.

Algunas preguntas que debes hacerte

¿Has descubierto tu propósito en la vida?

Si es así, ¿qué es?

Escribe una declaración sobre por qué haces lo que haces para ganarte la vida.

¿Estás haciendo lo que haces para ganarte la vida porque *tienes* que hacerlo o porque *quieres* hacerlo?

Escribe una declaración para describir tu pasión por tu trabajo actual o el trabajo de tus sueños.

Si tuvieras la oportunidad de hacer un cambio de imagen profesional, ¿qué cambios harías?

¿Qué cambios puedes implementar ahora?

¿Tienes algún mal hábito que te gustaría romper para dejar espacio a buenos hábitos que te acerquen a tus metas?

CAPÍTULO 3

Principio 3: Inculca la Mentalidad Correcta–Y no tendrás más remedio que triunfar

¿Cuál es mi forma de pensar?
Ésta es una de las preguntas más importantes que puedes hacerte. Y aunque puedas pensar que tienes una comprensión clara de tu forma de pensar, lo que significa y su impacto en tu vida, vale la pena tomarse un tiempo para pensarlo realmente.

Con base en tus creencias— sobre ti mismo, tus habilidades, tus fortalezas y tu capacidad para confiar en tus intenciones— lo maravilloso de tu forma de pensar es que puedes configurarla para lograr los resultados que desees en cualquier área de tu vida. Una buena personificación para ayudarte a describir la mentalidad es el personaje de historietas de Marvel, Hulk. Mientras lo observas en acción, te das cuenta de que no hay obstáculos que puedan detenerlo porque está obsesionado con una cosa, consumido por la determinación.

Más que una simple pregunta, "¿Cuál es mi forma de pensar?" es una de reflexión; una decisión consciente que surge de la determinación de lograr un objetivo, independientemente de cualquier obstáculo o impedimento, al igual que Hulk.

Vemos esto a menudo cuando las personas con obstáculos percibidos obtienen resultados increíbles. Piensa en Stephen Hawking.

Aunque físicamente limitado debido a la enfermedad de la neurona motora (también conocida como enfermedad de Lou Gehrig), esto no le impidió perseguir sus logros, incluido su trabajo en física y sus escritos. A pesar de su discapacidad y sus "limitaciones" percibidas, Hawking era conocido incluso por su sentido del humor. A pesar de sus obstáculos, Hawking tuvo un gran impacto en nuestra comprensión del universo. Pero no es necesario ser un genio como Stephen Hawking para lograr grandes cosas. Solo necesitas la mentalidad correcta.

Reflexiones de John …

La mentalidad correcta es la idea de que o vas a la cima de la montaña donde saludarás a todos con una sensación de logro, o estarás muerto en la parte inferior. He usado esta analogía durante años, y así es como he vivido todos los aspectos de mi vida, ya sea que estemos hablando de atletismo o negocios.

Usando los Juegos Olímpicos como ejemplo, el único lugar que importa es el primer lugar. Lo mismo ocurre con el hockey, el fútbol, el béisbol o el baloncesto. Primer lugar o ningún lugar. Esto no quiere decir que las personas que no logran el primer lugar sean inferiores a las que lo logran. Lo que sí significa es que las personas que adoptan la mentalidad de llegar al nivel más alto de cualquier cosa que se esfuercen por hacer— ya sean deportes, negocios o artes— ahí es donde se dirigen. Sin bifurcaciones en el camino; solo una dirección.

Vuelvo a Vince Lombardi, que no solo fue uno de los mejores entrenadores de fútbol, sino también una especie de filósofo con títulos en ciencias. Lombardi fue citado erróneamente cuando un reportero lo repitió diciendo que "ganar es lo único". El más tarde

Principio 3: Inculca la Mentalidad Correcta—Y no tendrás más remedio que triunfar

tuvo la oportunidad de corregir al reportero, diciendo que su punto era que *esforzarse por ganar es lo único*. ¿Ves la diferencia? Y de nuevo, esto vuelve a la mentalidad.

La verdad es que no siempre vamos a lograr todo lo que nos propusimos en la vida. Si bien no he logrado todo lo que me he propuesto, sí he logrado metas específicas porque trabajé sinceramente para llegar a la cima. Hace unos diez años, recuerdo haber visto a un joven jugador de baloncesto, un niño en ese momento, cargar con su equipo en la espalda. Esto tuvo un gran impacto en mí y hablé con mi mentor, Larry Thompson, al respecto. No me daba cuenta, pero en ese momento estaba presenciando la mentalidad de este tipo y la verdadera fuente de lo que llegaría a lograr en la NBA. Podías ver que no se iba a rendir. Este gran atleta y jugador resultó ser el hombre que conocemos hoy como el gran LeBron James.

Como se mencionó, mi propio mantra siempre ha sido "la cima de la montaña o muerto en la base". Cualquier cosa intermedia es inaceptable. Lo que buscas es lo que necesitas trabajar—sin integrar la palabra "intentar" en tu vocabulario. ¿Siempre vas a tener éxito? Honestamente no. Pero si no te esfuerzas por ganar, si no tienes la mentalidad de un campeón, no vas a lograr nada.

Si tienes la mentalidad de un "perdedor", perderás. Si tienes la mentalidad de un ganador, es posible que no obtengas la medalla de oro, el anillo de la Copa Stanley o el primer puesto en tu empresa. Pero si te esfuerzas y tienes la mentalidad adecuada para lograr lo que sea que deseas lograr, obtendrás algo mejor que si no tuvieras la mentalidad adecuada.

En mi propia vida, estaba en la escuela secundaria cuando comencé a esforzarme por hacer cosas. Y debido a mi forma de pensar, era un muy buen atleta y logré grandes metas.

Desafortunadamente, terminé recibiendo un golpe en la espalda durante un partido de fútbol y no pude lograr completamente lo que quería debido al impacto que esto tuvo en mi salud física.

Sin embargo, pude restablecer mi mente para hacer otras cosas dentro del atletismo que finalmente pude aprender, como judo, jiujitsu, lucha y levantamiento de pesas. El punto es que, aunque no pude lograr lo que me había propuesto originalmente, pude enfocarme y lograr otras cosas con la misma cantidad de pasión. La mentalidad nunca cambia en términos de tu forma de pensar. Dicho esto, lo que sí cambia son las metas o los logros dentro de las modificaciones que tienes que hacer por los confines de la salud, las finanzas o las circunstancias.

El punto al que quiero llegar— y esto es muy importante— es que la mentalidad de un campeón nunca cambia. Tampoco cambia a medida que envejecemos. Puede cambiar del campo del atletismo al mundo de los negocios, por ejemplo, pero la forma en que piensas, la forma en que te propones lograr algo, nunca cambia.

La pregunta que me hacen a menudo es: "¿Cómo uno que no es triunfador cambia su forma de pensar para que pueda empezar a pensar como un triunfador?" Bueno, mi respuesta a eso es estudiar lo que han hecho otras personas. Específicamente, personas que han logrado lo que quieres lograr.

Se ha dicho que, si quieres hacerte rico, estudies al dinero. Si quieres convertirte en un campeón, estudia a los campeones; estudiar a las personas que lo han logrado. Y estudia a las personas que lo han logrado pero que pueden no haber tenido las circunstancias adecuadas para lograrlo y que lo lograron de todos modos.

Un gran ejemplo de esto es Nelson Mandela, alguien a quien considero uno de los más grandes campeones del mundo. A pesar de que estuvo en la cárcel por muchos, muchos años, nunca

Principio 3: Inculca la Mentalidad Correcta—Y no tendrás más remedio que triunfar

abandonó la visión de su país. Y no solo quería hacerlo para su propia gente, quería hacerlo colectivamente para la gente de Sudáfrica. Este es un ejemplo poderoso en las circunstancias más difíciles. Mirando los tiempos bíblicos, Pablo fue alguien que transformó su vida. Comenzó como un asesino de cristianos, quien luego cambió su forma de pensar para hacer solo cosas buenas durante los años restantes de su vida. En términos de ejemplos modernos, el triatleta Dick Hoyt tenía la mentalidad de no solo forzarse a la práctica, sino también llevar a su hijo que tenía una discapacidad física con él.

Todo eso para decir que, si estás sentado ahí con dos brazos y dos piernas y buena salud y no estás haciendo nada con tu vida, ¿de quién es la culpa? No solo se trata de encontrar formas de motivarte con tu forma de pensar, sino también de encontrar buenos ejemplos de personas que lo están haciendo y logrando a pesar de sus circunstancias. Cuando estudies a estas personas, lo primero que te darás cuenta es que tienen responsabilidad propia. No ponen excusas de por qué las cosas no suceden de la manera que ellos quieren. En cambio, asumen la responsabilidad de sus vidas. Y como resultado, el resto de nosotros en el exterior no podemos evitar estar asombrados por sus logros *a pesar* de sus circunstancias. Una vez más, se trata de superar los obstáculos con la mentalidad adecuada y asegurarnos constantemente de que nuestro objetivo sea ganar.

Otro gran ejemplo de alguien que me motivó a una edad temprana es un hombre llamado Dan Gable, que no solo fue campeón olímpico de lucha libre, sino que estuvo invicto en 181 partidos durante sus años de escuela secundaria y universidad. Gable perdió su último partido universitario, lo creas o no, luego se dedicó nuevamente. Este es alguien que ya estaba en la cima de su profesión con múltiples campeonatos nacionales de lucha libre, y se volvió a dedicar a los Juegos Olímpicos entrenando siete horas todos los días. Durante los Juegos Olímpicos de 1972, no solo ganó, sino que no cedió un punto al hacerlo. ¿Cómo logró esto? Una vez más, encontró la mentalidad en una circunstancia muy difícil.

Mientras estaba de viaje con sus padres cuando él era más joven, su hermana se había quedado en casa porque tenía que trabajar. Fue durante este tiempo que fue brutalmente asesinada. Esto dejó a Dan como hijo único y, en muchos sentidos, responsable de mantener unido el matrimonio de sus padres. ¿Te imaginas el estrés de algo así? ¡Ni la mejor gente le desearía esto a su peor enemigo! Sin embargo, tomó esta tragedia y de alguna manera logró dejar que lo impulsara. Incluso se dice que dijo: "Cuanto más te fijes en concentrarte en lo que tienes y en lo que te gustaría hacer y adónde quieres ir —un punto de vista positivo—las cosas cambian más rápido y las cosas positivas comienzan a suceder."

Lo mejor que puedes hacer por ti mismo es encontrar personas que sean campeones. Rodéate de personas que lo logran a pesar de sí mismas y de sus circunstancias, ya sean sus limitaciones físicas, mentales, financieras o incluso políticas en algunos casos. Muchas personas que vienen de países donde no tienen la libertad que tenemos aquí en América del Norte pueden hacer cosas maravillosas con sus vidas. Esto es importante, pero no por las razones que primero se me ocurren. Si bien lograr grandes cosas proporciona una sensación de logro a la persona que las logra, la mejor parte es que lograr cosas maravillosas inspira a los demás.

Volviendo a cuando tenía 17 años y estaba en el hospital con una lesión que cambiaría el curso de mi vida, de repente me encontré sin un futuro percibido. Pasé de saber exactamente lo que quería lograr en la vida a no saber si alguna vez volvería a caminar. ¿Puse excusas? No. ¿Seguí haciéndome responsable? Si.

Principio 3: Inculca la Mentalidad Correcta—Y no tendrás más remedio que triunfar

Y lo que me ayudó a redescubrir eso en mí fue el libro *El Poder del Pensamiento Positivo* del Dr. Norman Vincent Peale, que recomiendo encarecidamente.

Una de las cosas que recuerdo haber leído en ese libro son los pensamientos de Peale sobre la tranquilidad. Esto se relaciona con los súper triunfadores de los que oímos hablar, ya sea que estén entrenando para una medalla de oro olímpica u otro esfuerzo, compitiendo al más alto nivel o convirtiéndose en el neurocirujano que salvará tu vida. El único punto en común entre todos ellos es que están tranquilos. Están tranquilos. Tienen un estado emocional de calma por el que la mayoría de nosotros nos esforzamos.

Estos triunfadores son realistas. Ven las circunstancias frente a ellos y no tienen lentes de color rosa. Lo que hacen es encontrar una manera de cambiar sus paradigmas en la dirección correcta. Si bien esto puede parecer una habilidad que solo unos pocos pueden dominar, en realidad se trata de ser consciente, estar concentrado y tener la mentalidad adecuada. La buena noticia es que estas son habilidades que todos podemos aprender.

Reflexiones de Foster ...

Dejé Ghana en mayo de 1986 para venir a América del Norte porque se percibía como la tierra de las oportunidades. Realmente no sabía nada más que eso. Para un joven como yo, fue un momento aterrador en mi país. Me sentí limitado. Sentí que nunca podría romper el patrón, así que tenía en mi cabeza que necesitaba irme y mudarme a América del Norte.

Dicho esto, no fue algo fácil de hacer. Tenía poco más de 20 años y salir significaba que no solo estaba dejando un país en medio de la agitación política, sino que también estaba dejando atrás a mi familia y amigos. Fue muy difícil y tuve sentimientos encontrados. Estaba triste por dejar atrás a mis seres queridos, pero emocionado por la perspectiva de llegar a Estados Unidos y descubrir esta tierra de oportunidades.

Hasta los 24 años, nunca había vivido en ningún otro lugar; Nunca había viajado. Entonces, naturalmente, tenía un sentido de orgullo nacional y cultural. Ghana me dio un sentido de amor y pertenencia. Toda la gente que amaba y que me amaba incondicionalmente... esto es lo que estaba dejando atrás. Había una posibilidad eclipsada de no volver a ver a ninguno de ellos, porque nadie sabe lo que traerá el mañana. Tan positivo como era, no tenía bola de cristal, no había forma de saber si volvería a ver a mi familia y amigos.

Nunca antes había estado en un avión, por lo que la anticipación de abordar un avión fue emocionante. Hoy, también reconozco la cantidad de valor que necesité para hacer algo que nunca había experimentado, sabiendo que estaba a punto de viajar durante unas 14 horas en el aire. Estaría mintiendo si dijera que no fue escalofriante.

Una vez que llegué a Canadá, tuve muchos obstáculos, incluido el proceso de inmigración. Me tomó tiempo obtener mi permiso de trabajo y convertirme en ciudadano. Mientras tanto, aprendí a tomar todo lo que estaba disponible para mí y a aprovechar al máximo cada situación.

Elegí venir a Canadá porque se percibía como un país encantador, muy pacífico y un lugar donde todas las razas eran aceptadas y respetadas. Solo sabía que Canadá podría ser un lugar al que eventualmente podría llamar hogar, y todo lo que había leído y estudiado sobre Canadá antes de embarcarme en mi viaje era muy positivo.

Hasta el día de hoy, creo que fue una buena elección. Afortunadamente para mí, tenía un hermano mayor que ya había

Principio 3: Inculca la Mentalidad Correcta—Y no tendrás más remedio que triunfar

estado aquí durante unos cinco meses antes de que yo llegara, y pudo confirmar mucho de lo que ya había leído sobre este gran país.

Mi primer trabajo fue en Montreal y era un trabajo de rutina en el que trabajaba en una línea de montaje. Recuerdo haber pasado por muchas emociones encontradas durante ese tiempo. Tenía estos diálogos internos conmigo mismo en los que no me preguntaba tanto si había tomado la decisión correcta de dejar mi casa en Ghana, sino más bien me preguntaba: *¿qué sigue?*

Siempre estaba buscando y tenía curiosidad por saber qué más estaba disponible para mí. Cada vez que hacía la pregunta, escuchaba la respuesta. Había una voz que siempre me recordaba que podía hacerlo mejor, que había algo mejor para mí.

Esta mentalidad me ha llevado a donde estoy hoy. Y si alguien me preguntara de dónde viene, tendría que responder con una suposición: creo que siempre ha sido parte de lo que soy. Pienso en mis días de escuela secundaria en Ghana y recuerdo cómo tomé la decisión de aprender a reparar zapatos. Esto se convirtió en un trabajo que hice durante mucho tiempo. Y algo que me sorprendió en el camino fue que siempre tuve dinero. La mayor parte del tiempo, recibía más dinero que mis dos hermanos, que trabajaban para otras personas en ese momento.

Fue entonces cuando me di cuenta de que, aunque no era lo que yo llamaría un trabajo "divertido", la gente que venía a mí para arreglar sus zapatos era una oportunidad. Les resultó más barato pagarme para arreglar sus zapatos que comprar un par nuevo. Para mí era obvio que había un mercado para la reparación de zapatos y estaba ganando dinero con esto. Creo hasta el día de hoy que la oportunidad para mí de ganar dinero de esta manera me estaba preparando de muchas maneras para el futuro.

Más tarde, durante mis años universitarios, mis hermanos y yo pintábamos las casas de la gente y montábamos este espectáculo sobre cómo éramos pintores profesionales. Nos fue bastante bien con esto.

Cuando llegué a América del Norte, estaba convencido de que habría oportunidades, y solo mi mentalidad me abrió las puertas. El mercadeo en red me abrió la puerta a la libertad y, como siempre me ha encantado la idea de trabajar para mí, aproveché la oportunidad.

Siempre he creído que cuando tienes esperanza, puedes conseguir ayuda. Cuando te rindes contigo mismo, has perdido la esperanza. Afortunadamente, nunca he renunciado a la esperanza ni a mí mismo. Sin importar en qué situación me encontrara, siempre me las arreglé para encontrarme con las personas u oportunidades adecuadas para ese momento.

Esto me lleva al concepto de gratitud. Nunca doy nada por sentado. Un buen ejemplo de esto es que, en Ghana, cuando alguien te desea lo mejor, no es algo que se tome a la ligera. Si bien Canadá ha sido realmente una bendición para mí, considero que mis orígenes en Ghana son ventajosos, ya que mis raíces me han enseñado a apreciar incluso los gestos y circunstancias más pequeños. Se me ha demostrado a lo largo de los años que la gratitud es un aspecto importante de la mentalidad.

CAPÍTULO 4

Principio 4: Crea equilibrio–Es la clave para mantener el rumbo

Has escuchado el término antes: equilibrio entre la vida laboral y personal. Algunas personas te dirán que es importante; que, sin él, corres el riesgo de agotarte. Otros dicen que no existe tal cosa; que, si no te concentras en un único objetivo específico, es imposible lograr el éxito. La verdad es que lo que funciona para ti puede no funcionar para otra persona. Esto se debe a que el "éxito", como hemos mencionado, significa cosas diferentes para diferentes personas.

La fórmula real para identificar un equilibrio entre el trabajo y la vida personal se basa en una variedad de elementos, incluidas sus prioridades, sus metas y objetivos, y su definición individual de éxito. Y aunque creemos que un sentido de equilibrio entre el trabajo y la vida es importante, hemos aprendido del trabajo con otros, así como de nuestras propias experiencias personales, que encontrar lo que funciona para ti, puede llevar tiempo. Esto se debe a que, en su mayor parte, descubrir qué funciona para ti, es una cuestión de prueba y error.

Casi todas las personas exitosas tienen algo que decir sobre el tema del equilibrio entre el trabajo y la vida privada. Y si bien es interesante leer acerca de cómo otros manejan su vida, especialmente si han logrado la vida de ensueño que te imaginas, podemos garantizar que una réplica exacta de la metodología, la filosofía y el enfoque de cualquier otra persona no funcionará para ti. Nuestro consejo es leer mucho sobre el tema. Adopta lo que te funcione e ignora lo que no. Con el tiempo, encontrarás el enfoque adecuado para el equilibrio entre el trabajo y la vida personal para tus necesidades individuales. Es con este espíritu— de echar un vistazo a las mentes y vidas de los demás— que nos complace compartir nuestros pensamientos y mentalidades sobre el tema.

Reflexiones de John ...

Lo que siempre me ha funcionado es asegurarme de que mi vida coincida con mi negocio. Fácilmente podría decir lo contrario: que mi negocio coincida con mi vida. Esto, para mí, es intercambiable y representa un equilibrio entre el trabajo y la vida personal que puedo manejar fácilmente.

Conozco a mucha gente durante mis viajes y mi vida cotidiana, y una buena analogía para una conversación frecuente que tengo con la gente es como un juego de tenis. Funciona así: Le aviento la bola a un nuevo conocido por medio de una pregunta: "Hola, encantado de conocerte. ¿Qué haces?"

Responden contándome sobre su línea de trabajo, ya sea quiropráctico, instructor de yoga o conductor de autobús. La inclinación natural es que ellos respondan la pregunta y me pregunten sobre mi línea de trabajo. Esta es mi oportunidad de contarles sobre mi negocio y la historia de mi producto, lo que hace, sus beneficios para la salud y la ciencia detrás de por qué funciona, etc.

He tenido este tipo de conversación informal de camino a reuniones y eventos de negocios, en el gimnasio, durante los juegos de hockey y durante las competencias de patinaje artístico de mi hija. Simplemente soy yo, haciendo mi vida y haciendo crecer mi negocio al mismo tiempo. Lo contrario de este enfoque es si alguien solo se enfoca en aumentar su negocio. Para mí, este es un pasaje definitivo al fracaso, porque si solo ves signos de dólar en tus ojos y no te interesas genuinamente en las personas al hablar con ellas y conocerlas, te verán. como alguien que intenta "venderles". Nadie quiere hacer negocios ni siquiera darle tiempo a alguien que no es sincero.

Las personas que son tan resueltas y que se enfocan únicamente en el trabajo sin tiempo de inactividad o pasatiempos no disfrutan plenamente de sus vidas. Lo que eventualmente sucede es que se agotan muy rápidamente.

Cuando incorporas el equilibrio tanto en tu vida personal como en tu vida empresarial, te das la oportunidad de disfrutar el proceso. Centrarse solo en el trabajo conduce al estrés y sentir estrés todo el tiempo no equivale a una buena calidad de vida. Habiendo dicho eso, esto no significa que tener equilibrio eliminará todas las fuentes de estrés. A veces también me estreso, pero también tengo el equilibrio que necesito cuando se trata de mis hijos y otras áreas de mi vida. Esto me ha enseñado tanto cuándo colgar el teléfono como cuándo es el momento de apagar la televisión.

Por supuesto, uno de los retos más importantes de nuestro tiempo está en la forma en que convivimos con la tecnología. Realmente siempre estamos conectados, y esto dificulta que algunas personas se distancien lo suficiente como para poder prestar toda su atención a otras áreas de la vida, ya sea ver una película en el cine o concentrarse en la obra de teatro escolar de sus hijos.

Como buen ejemplo, recientemente estuve trabajando muy de cerca con una nueva persona en mi equipo. Trabajamos muy duro juntos y, en poco más de dos meses, ayudé a este nuevo miembro a alcanzar el estatus de diamante. No mucho después de eso, estaba de camino al gimnasio y tomé la decisión consciente de dejar mi teléfono celular en el auto. Esto no se debió a que no quisiera escuchar a nadie, sino a que decidí hacer de esa hora en el gimnasio "mi tiempo". Quería concentrarme y disfrutar del entrenamiento sin distracciones. Cuando lo pones en perspectiva, es solo una hora. Si bien la tecnología es muy eficiente, incluso si alguien solo necesita una respuesta rápida de sí o no, una demora de una hora no va a cambiar el mundo. Resulta que esta fue una buena lección para mi nuevo miembro del equipo. Lo que le impresionó fue que a pesar de que tengo un gran negocio, todavía puedo desconectarme y concentrarme en otras cosas, incluido no estar siempre atado al teléfono. Él admiró esto.

Lo creas o no, esto es realmente algo que he tenido que aprender y aceptar. Tuve que aprender que algo tan importante como hacer el negocio es NOs hacer el negocio y tener ese tiempo de inactividad para otras cosas, ya sea ejercicio o actividades familiares.

El otro aspecto negativo del crecimiento de una empresa en el mundo actual es que a veces perdemos el aspecto interpersonal de la comunicación. Con el correo electrónico y los mensajes de texto, es muy fácil perderse en la comunicación digital.

Tener equilibrio requiere un esfuerzo consciente. Es fácil dejarse atrapar por el vacío de lo que sea que te empuje en una dirección. Necesitas ese equilibrio con tu familia, en primer lugar, pero en segundo lugar con tu salud, incluido el ejercicio, la nutrición e incluso las relaciones personales.

Así que terminas haciendo una fortuna, luego de repente llegas a tener 50 o 60 años y te das cuenta de que lo vas a devolver todo porque descuidaste tu salud y estás sufriendo algo que podría haberse evitado si hubieras prestado un poco más de atención a otras cosas además de ganar dinero. Ahí es donde entra el equilibrio. Es cierto que yo también he sido culpable de esto, pero a medida que envejezco, me doy cuenta de que hay otras cosas a las que debes prestar atención. Y aunque el equilibrio puede ser difícil de lograr, una de las mejores cosas del modelo comercial de mercadeo en red es que en realidad fomenta el equilibrio en términos de fomentar el desarrollo personal y construir amistades con tus socios comerciales.

Otro inconveniente de ser unidimensional es que, si solo te dedicas a los negocios todo el tiempo, alejarás a las personas de ti en lugar de acercarlas a ti. A nadie le interesa saber de alguien que siempre intenta "vender" algo.

Reflexiones de Foster ...

Para mí, el equilibrio se trata de ser eficiente y poder priorizar mientras planificas tus días. Tengo un enfoque que ha sido muy beneficioso para mí y que llamo mi "Six Pack". Básicamente, se trata de compartimentar diferentes áreas de mi vida que son importantes para mí. Esto no quiere decir que todo el mundo tiene seis áreas de su vida en las que quiere centrarse. Para algunos, podrían ser tres o incluso nueve.

Mis seis áreas se desglosan así:

1. Espiritualidad
2. Familia
3. Negocios
4. Desarrollo personal
5. Estilo de vida saludable (nutrición / ejercicio)
6. Actividades sociales

Todos tenemos 24 horas al día, y todos los días yo tengo cosas que lograr, que llamo mis metas diarias.

1. Espiritualidad

Me gusta comenzar el día asegurándome de que mi alineación espiritual esté en su lugar. Un gran ejemplo es un hábito que mi esposa y yo hemos creado y compartimos continuamente con nuestros hijos durante nuestros tiempos familiares.

Todas las mañanas llevamos a nuestros hijos a la escuela. Una vez que estamos todos en el auto y justo antes de dejar la cochera, nos sentamos frente a nuestra casa y oramos. Nos conectamos con Dios y expresamos nuestra gratitud por todas nuestras bendiciones y le pedimos que proteja a nuestros hijos.

Les hemos enseñado a nuestros hijos a no rehuir nuestra fe. Como cristianos, creemos que las cosas buenas pueden suceder con la misma facilidad que las cosas malas y prepararnos pidiendo protección y guía divina es algo que practicamos a diario. También leo la Biblia y medito. Esto me prepara, me apoya y me ayuda a concentrarme.

2. Familia

Valoro mucho saber cuándo me necesitan. En otras palabras, cada mañana mi esposa y yo nos aseguramos de que haya alguien disponible para llevar a nuestros hijos a la escuela y recogerlos al final del día.

He sido bendecido por el negocio en el que estoy. Me da la oportunidad de ser flexible cuando sea necesario, incluida la preparación de cenas nutritivas para que cuando los niños regresen a casa al final del día, tengan una buena comida lista.

También les hemos inculcado a nuestros hijos el entendimiento de que deben saber dónde deberían estar a diario. Fuera de la escuela y de la casa, tienen que estar en lugares que conozcamos. Sabemos exactamente dónde están nuestros hijos en todo momento porque esto es algo que es importante para nosotros como padres.

3. Negocios

Cuando programo mi jornada laboral, se desglosa hasta un punto en el que puedo abordar cada elemento. Espiritual es el primero en la lista. Del lado de la familia, sé que los niños necesitan llegar a la escuela. Es un horario. Luego, para cuando llegan las 9:00 a.m., estoy listo para empezar, ya sea para contactar a consultores o hacer un seguimiento para responder preguntas.

4. Desarrollo personal

He hecho como un hábito diario el dedicar tiempo a mi desarrollo personal. Ya sea leyendo o apartando un tiempo específico para escuchar un mensaje que me va a desarrollar como una mejor persona. Para equiparme, necesito aprender de las personas que ya han logrado las cosas que estoy tratando de lograr.

5. Estilo de vida saludable (nutrición / ejercicio)

Aquí es donde incorporo buena nutrición y fitness todos los días. Por supuesto, algunos días son más atareados que otros, y si no puedo ir al gimnasio en un día específico, tengo una forma de hacer estiramientos en casa. Todo son cosas básicas, pero algo que considero importante. Incluso haré una caminata de poder en mi casa si eso es todo lo que puedo adaptar, para ayudar a que mi corazón funcione.

6. Actividades sociales

Las relaciones personales con las personas son muy importantes. A veces es tan simple como invitar a alguien a tomar una taza de café. No se trata necesariamente de verlos todos los días o todas las semanas. Se trata simplemente de sentarse con alguien y conocerlo. Es sorprendente lo mucho que se puede aprender de una persona.

Podrías conocer a alguien durante 25 años y pensar que lo conoces, pero simplemente sentarte durante una hora y escuchar de verdad te enseñará mucho sobre la otra persona y su perspectiva.

Hay muchos beneficios que vienen con eso, porque si realmente no comprendes a las personas, a veces no entenderás por qué se comportan de cierta manera. Esto puede afectar su negocio. Por ejemplo, algunas personas pueden mirarme y pensar que trabajo demasiado o que estoy demasiado comprometido. Quizás la percepción es que debido a que vengo de un entorno pobre con raíces en África, siento que mi vida depende de ello.

Pero realmente, cuando miro mi negocio anterior, hubo un tiempo en el que tuve que conducir de Toronto a Carolina del Norte. Son más de 15 horas para asistir a un seminario o una conferencia. En ese entonces no tenía dinero para volar a ningún lado. Mi punto es que si me encuentro con alguien hoy que se queja de un evento que está a solo dos horas de su casa, mi respuesta podría hacerles pensar que estoy siendo pomposo, pero después de todo lo que he pasado, dos horas en coche no es nada.

Hoy todo lo dejan en tu puerta. En mi primera oportunidad de mercadeo en red, cuando realizabas un pedido, todos tus productos se entregaban a tu línea ascendente, sin importar dónde vivieran—cerca de ti o no. Mi punto aquí es que cuando miro todo lo que he vivido; me ha construido el carácter. Entonces, si alguien se queja, no es que no entienda su dolor. Es que trato de enfocarme en lo positivo.

Si bien mi Six Pack es muy importante para mí y simboliza el equilibrio y las prioridades en mi vida, no siempre es fácil de mantener. La planificación básica es necesaria para mantener el rumbo. Eso no significa que no tenga flexibilidad. Una expresión que me gusta usar es "Puedes planear un picnic perfecto, pero aún podría llover ese día".

Principio 4: Crea equilibrio—Es la clave para mantener el rumbo

Es importante tener en cuenta que hay ciertas cosas que siempre estarán fuera de nuestro control. Pero también debes entender que ciertas cosas pueden esperar. Por ejemplo, si por alguna razón un horario agitado me impedía hacer mi rutina completa de ejercicios, simplemente ajustaba mi día y lo retomaba al día siguiente. Siempre que cree un equilibrio y no me consuma un área de mi vida, me sentiré mejor equipado para manejar esos momentos que están fuera de mi control. Mi forma de retomar el rumbo es cuestión de priorizar.

CAPÍTULO 5

Principio 5: Comprométete. O arriésgate a rendirte demasiado pronto

Es una escena familiar. Tenemos un objetivo, ya sea perder peso y llevar un estilo de vida más saludable o lograr el siguiente nivel de éxito en nuestro negocio o carrera, y simplemente no estamos viendo los resultados lo suficientemente rápido. De repente, nos sentimos abrumados con preguntas y sentimientos de inseguridad.

"¿Estoy dando vueltas en círculos?"
"¿Qué estoy haciendo mal?"
"Tal vez estoy siendo poco realista".
"¿Y si esto no es para mí?"
"¿Estoy perdiendo el tiempo?"

A veces incluso comenzamos a compararnos con los demás, comparando sus logros con el lugar en el que nos encontramos. Y todos sabemos lo que sucede una vez que empezamos a hacer eso, ¿verdad? ¡Empezamos a dudar de nosotros mismos aún más!

Se sabe que el ensayista, conferencista y filósofo del siglo XIX Ralph Waldo Emerson dijo: "Ser usted mismo en un mundo que constantemente intenta hacer de usted otra cosa es el mayor logro".

Cuando piensas en el significado de esa declaración, te das cuenta de lo único que eres. Compararse con los demás en realidad hace que te engañes a ti mismo del tiempo que necesitas para concentrarte en cómo tú y tus talentos únicos pueden contribuir a quienes te rodean, incluida la sociedad e incluso el mundo en muchos casos.

Aquí hay otra cita significativa, esta vez de Zen Shin: "Una flor no piensa en competir con la flor que está al lado. Simplemente florece".

En otras palabras, la flor pone su poder (su enfoque) en simplemente "ser" y, naturalmente, hacer lo que debe hacer a su debido tiempo. Esta también es una declaración poderosa.

La verdad es que la mayoría de las veces, la capacidad de una persona para alcanzar sus metas no tiene nada que ver con la meta real y sí con su nivel de compromiso. Si bien algunas personas pueden decir que están comprometidas (y realmente creen que lo están cuando lo dicen), también están lidiando con creencias conflictivas sobre sí mismas y su capacidad para lograr sus objetivos. Lo que sucede en este caso es que su enfoque se diluye. Empiezan a prestar más atención a las distracciones. ¿Te suena esto como a ti?

La mejor manera de determinar si estás realmente comprometido con tu objetivo es observar detenidamente tus ACCIONES.

Supongamos que quieres perder 20 libras. ¿Estás comiendo los alimentos adecuados? ¿Estás limitando o eliminando la comida chatarra? ¿Estás dedicado a una rutina de ejercicio regular, ya sea ir al gimnasio, tomar una clase de yoga o simplemente programar caminatas diarias?

Usando los objetivos comerciales y profesionales como otro ejemplo, ¿pasas más tiempo soñando despierto y hablando sobre sus ambiciones y visión de éxito que haciendo el trabajo real? En las siguientes páginas, John y Foster comparten sus experiencias personales y su experiencia al trabajar con otros.

Reflexiones de John ...

He visto a personas comprometerse con su negocio en el que se cuelgan de la asta de la bandera hasta que finalmente encuentran a alguien que coincide con su dedicación. Construyen un equipo fuerte y lo que termina sucediendo es que crean un negocio y una fuente de ingresos increíbles.

Desafortunadamente, también he visto a gente darse por vencida demasiado pronto. Un gran ejemplo que me viene a la mente es alguien a quien, en aras de la privacidad, llamaremos Mike. Recluté a Mike hace varios años y, a su vez, comenzó a formar su propio equipo. Debido a la naturaleza misma de este negocio, había varias ramas de su equipo en los Estados Unidos y el Reino Unido. Una persona en particular en la línea descendente de Mike, a quien llamaremos Josh, vivía en Utah y había reclutado a un colega con el que trabajaba en un concesionario de automóviles. Este colega se convirtió en uno de los que más ingresos ganaba en la industria, construyendo un imperio de gran éxito con su negocio de mercadeo en red.

Un día, Mike recibió su formulario de renovación anual, pero en lugar de renovarlo, lo tiró. Había decidido que no quería pagar la tarifa mínima de renovación por su distribución. ¿Su proceso de pensamiento?

"Bueno, ¿he patrocinado a algunas personas? Realmente no estoy haciendo nada con esto".

Mientras tanto, alguien de su línea descendente estaba ocupado construyendo un imperio. Ves a dónde voy con esto, ¿verdad? Si Mike acababa de pagar su tarifa de renovación, no solo habría asegurado un ingreso alto y constante a través de Josh y su línea descendente, sino que habría reavivado su entusiasmo original por la oportunidad comercial. Este es uno de los ejemplos más grandes y tristes de lo que puede suceder cuando te rindes demasiado pronto. Básicamente, cuando no estás comprometido con tu negocio.

Uno de los elementos que busco en un candidato potencial es si estará o no en él a largo plazo. ¿Van a quedarse o van a abandonar? ¿Son como la mayoría de las personas o están motivados? ¿Disfrutarán del negocio? ¿Les resultará fácil hablar con la gente al respecto? ¿Lo convertirán en una experiencia mágica? Esencialmente, ¿es algo de lo que querrán ser parte a largo plazo?

Y parte de eso es mi trabajo. Yo soy el que necesita hacerlo divertido para mi gente. Necesito simplificarles las cosas e incluso agregarle algo de magia. De lo contrario, ¿por qué se quedarían? Quizás el aspecto más importante de esta industria es que es un "negocio de personas". No solo eso, sino que fomenta el autodesarrollo continuo. Ninguna otra industria hace eso.

Por otro lado, independientemente de lo excelente que sea la empresa, sus productos y la oportunidad, si no eres una persona positiva, te resultará muy difícil desarrollar tu negocio. ¿Por qué alguien querría trabajar con una persona negativa? Esa no es una pregunta real. Piénsalo. Si alguien siempre está estresado por todo, no atraerá al tipo de personas adecuado. Y dado que esto realmente es un negocio de personas, ese es un punto crítico. Especialmente cuando consideras que hacer un compromiso a largo plazo es precisamente lo que necesitas para obtener resultados y éxito a largo plazo, sin importar cuál sea tu objetivo.

Esto no es exclusivo de esta empresa. Ya sea que trabajes en ventas directas, bienes raíces o planificación financiera, tu nivel de compromiso es el factor crítico que determina tu éxito.

Principio 5: Comprométete. O arriésgate a rendirte demasiado pronto

Independientemente de la industria en la que te encuentres, tendrás días de inactividad y excelentes días. Así es la vida, y no se puede culpar a tu trabajo o al campo elegido. Lo importante es que aprendas a permanecer en el medio. Tienes que asegurarte de sostenerte sin importar las circunstancias, buenas o malas. Y ese es un hábito aprendido. Si te concentras en tus problemas, estos se agrandan. Por otro lado, cuando te enfocas en tu objetivo, esa es la dirección en la que vas—sin falta.

Todos tenemos días en los que todo parece ir bien; patrocinamos personas y vendemos productos. Es fácil ser feliz en estos días. Luego hay otros días en los que te preguntas si esto funcionará alguna vez. Las dudas entran en tu mente en forma de preguntas, como: "¿Podré alguna vez ganarme la vida con esto? ¿O incluso vivir de esto de medio tiempo?

Hay días en los que llamas a diez personas y ninguna de ellas estará interesada. Simplemente tienes que seguir adelante. Yo, personalmente, pasé una semana entera en la que nada parecía ir bien. El sitio web se cayó. Nadie de los que llamé estaba interesado. Incluso mi equipo parecía no estar muy activo. Y he estado en este negocio durante más de 37 años. Esto solo demuestra que los días malos les pasan a todos—novatos o veteranos.

Entonces, de repente, las últimas 48 horas cambiaron y la única palabra que me vino a la cabeza fue "¡Guau!" Una de mis nuevas personas, una señora de Texas con la que he estado trabajando, tuvo una gran semana. Esta dama es un amor total y es genial trabajar con ella. Naturalmente, su éxito lo es todo para mí. No solo en términos monetarios sino en un sentido de autosatisfacción. Al trabajar con personas como ella, veo el significado de mi trabajo y mi propósito en la vida.

Mi recomendación para cualquiera que quiera mantenerse comprometido con su objetivo es que no suba demasiado ni baje demasiado. Esfuérzate por mantenerte en el medio y sigue avanzando. En estos días se habla mucho sobre el desarrollo del liderazgo, y de eso se trata exactamente este negocio. La coherencia en el liderazgo es algo que separa a los aspirantes de los triunfadores. Es la diferencia entre alguien que gana un ingreso de seis cifras y alguien que obtiene un ingreso a tiempo parcial mientras continúa trabajando en un trabajo diario que no disfruta.

Cuando se trata de las personas a las que asesoro, busco gente que responda. Quiero dar mi tiempo a las personas que responden al estímulo que les doy. Si te digo que, a lo largo de mi carrera durante las últimas cuatro décadas, he ganado varios millones de dólares, ¿crees que esto dice que sé algo sobre la industria? He invertido el tiempo. He aprendido de algunos de los mejores. Y he ganado el dinero para demostrarlo. Tu trabajo es presentarte y hacer lo que te enseño. Estamos en el negocio del desarrollo de liderazgo, y ¿cómo se desarrollan los líderes? Comprometiéndote y siendo constante tú mismo.

Reflexiones de Foster ...

El compromiso juega un papel muy importante en cualquier área de la vida. No puedes tener éxito en nada sin estar comprometido con el resultado final de tu visión. Ya se ha dicho antes, pero lo repetiré aquí:

> *Incluso los supuestos éxitos de la noche a la mañana tardan años en alcanzar el nivel de éxito que vemos.*

Principio 5: Comprométete. O arriésgate a rendirte demasiado pronto

La gente tiende a centrarse en los resultados, pero lo que realmente importa es lo que sucede entre bastidores. He dividido mis pensamientos sobre el compromiso en cinco áreas:

1. Por qué
2. Cómo
3. Cuándo
4. Qué
5. Siguiente.

1. Por qué

Me doy cuenta que tener una razón para comprometerme con algo es muy útil, y lo llamo mi "por qué". Recordarme a mí mismo mi propósito me da algo a que referirme cuando lo necesito. Y créeme cuando digo que todos necesitamos recordatorios. Todo el mundo se siente perdido de vez en cuando y saber tu por qué— tu propósito— es muy útil para volver a encaminarte cuando te desvías o pierdes la concentración.

A lo largo de los años, he aprendido mucho sobre mí. Doy crédito a esta industria y su enfoque en el autoconocimiento a través del autodesarrollo. Una cosa en particular que he aprendido sobre mí es que mi palabra es sólida. Cuando me comprometo con algo o alguien, puedes contar con mi compromiso al 100%. Esto es importante, porque la vida es una montaña rusa. El mundo empresarial no es inmune a los altibajos. En los días altos, sentirás que te estás desempeñando de una manera extraordinaria. Luego, por supuesto, llegan los días bajos. Esto es cierto para cualquier industria. Aquí es donde entra en juego tu *por qué*. Te ayuda a mantenerte en línea con tu visión del éxito. Te da un propósito y una razón para seguir poniendo un pie delante del otro y, lo más importante, ir en la dirección correcta.

Otra cosa que ayuda es tener una rutina o tareas que hagas todos los días. Esta es una forma de permanecer en el juego, incluso cuando empiezas a dudar de ti mismo. Un buen ejemplo de compromiso es mi compromiso con mi familia. Los aprecio y es importante para mí hacer todo lo posible para asegurarme de no fallarles. Quiero ser siempre un buen padre y un buen marido. Para lograrlo, hay cosas con las que me comprometo a diario. Puede que no siempre me sienta al 100%, pero a pesar de todo, siempre lo doy todo. Este es un punto importante, ya que todos tenemos días en los que no nos sentimos tan motivados o inspirados.

Lo mismo ocurre con los negocios. Si estoy buscando reconocimiento— como otro ejemplo— haré algo que me ponga en una posición para demostrar que no soy solo puro cuento. En una posición de liderazgo, siempre tienes que dar el ejemplo.

Esto requiere compromiso— contigo mismo, con su propósito o por qué, y con las personas que te rodean.

2. Cómo

La mejor manera de comprometerse con cualquier cosa es priorizar. Todo el mundo tiene 24 horas al día, y la única forma de lograr algo es saber cuáles son sus prioridades y escribirlas. Elimina las ocho horas necesarias para un patrón de sueño saludable y calcula lo que va a hacer con el resto de tu tiempo. ¿Cuántas horas dedicarás a la familia? ¿Cuántas horas dedicarás a tu negocio?

En otras palabras, debes comprometerte con tres categorías además del sueño, incluido el tiempo en familia, el horario comercial y el tiempo para ti. Me doy cuenta que el desglosarlo de esta manera ayuda a eliminar la sensación de agobio. Por ejemplo, no tienes que dedicar ocho horas seguidas a tu negocio. Dividir tu tiempo te ayuda a mantener tu máximo rendimiento, lo cual es crucial para mantenerse comprometido. Nuevamente, para lograr esto, necesitas conocerte a ti mismo.

3. Cuándo

Programar tus tareas implica saber tu "cómo". Por ejemplo, puedes establecer horarios específicos para reuniones o llamadas. Esto depende de saber cuándo se encuentras en su mejor momento para interactuar con los demás, así como de saber cuándo debes publicar la información.

4. Qué

"Qué" tiene que ver con el contenido. Dado que se trata de un negocio de relaciones, no se trata de cuánto sabes, sino de cuánto te importa. Tu mensaje es muy importante, lo cual hace que tu contenido sea importante. Como se mencionó anteriormente, este es un negocio de personas y constantemente necesitas buscar prospectos. Me gusta decir que "puedes ser o encantador o alarmante".

5. Siguiente

Junto con el compromiso, tu siguiente nivel se trata de planificación y estrategia. Mirando hacia el futuro para ayudarte a decidir cuál debería ser tu próximo paso. Como personas de negocios— y, lo que es más importante, personas que deseamos construir algo para nosotros y nuestras familias— estamos comprometidos a que esto suceda. En muchos sentidos, esto es un desafío. Un desafío que acepta cualquier persona con espíritu emprendedor. Incluso si el futuro es incierto, sabes cuál quieres que sea el resultado final. Y solo puedes llegar allí cuando estás verdaderamente comprometido.

CAPÍTULO 6

Principio 6: Mira hacia atrás en la vida–No hay mejor momento que ahora para aprender de tu pasado

Parte de nuestro trabajo mientras nos preparábamos para compartir nuestros pensamientos sobre este principio incluyó la investigación sobre lo que otras personas conocidas e inspiradoras han dicho sobre "el pasado" y su impacto en el futuro de una persona. Esto incluye vidas y decisiones personales, así como la influencia que una persona o grupo de personas puede tener en las sociedades.

Desde emprendedores hasta líderes de grandes corporaciones, encontramos muchas historias, pensamientos y filosofías excelentes e inspiradoras que reflejaban la importancia de las experiencias pasadas de un individuo. Nuestros hallazgos incluso incluyeron historias de fracaso que, en retrospectiva, jugaron una parte integral del proceso de un individuo para lograr el éxito— puntos de vista que demuestran cómo prestar atención al pasado puede evitar que los horrores vuelvan a entrar en la vida de una persona.

Dicho esto, nada representaba nuestros pensamientos sobre el tema de mirar hacia atrás en nuestro pasado individual. Al principio esto nos sorprendió. No porque nos consideremos más "únicos" que los demás. Como dice la expresión: *"Soy único. Como todos los demás"*. Más bien, nuestra sorpresa fue más bien llevarnos a la conclusión de que, si bien las experiencias de la vida son diferentes de un individuo a otro, siempre conducirán a bifurcaciones en el camino que conforma un viaje de vida.

Este capítulo se centra en estas bifurcaciones, porque ya sea que vayas a la derecha o a la izquierda, y según tus elecciones en estas bifurcaciones, cuando mires hacia atrás, determinarán si has tenido una vida exitosa o una llena de arrepentimientos.

Aprovechar una experiencia de vida específica para un futuro mejor comienza en cada bifurcación en el camino de tu vida. Por suerte para nosotros—por suerte para TODAS las personas— la vida está llena de bifurcaciones en el camino. Ya sea que tengas 25 o 65 años, nuestra esperanza es que, al leer estas palabras ahora mismo, llegues a comprender que un mañana mejor comienza contigo estando en el momento presente. Nuestra esperanza es que, al compartir nuestros pensamientos, llegues a la próxima bifurcación en tu camino y le des la bienvenida como una oportunidad para comprometerte con la decisión que es adecuada para ti y para todas las personas cuya vida seguramente tendrá un impacto.

Creemos que nadie es una isla. Aprendemos unos de otros. Nos animamos unos a otros. Nos apoyamos unos a otros. Esta es la verdadera razón detrás de nuestro "por qué" para escribir este libro.

Reflexiones de John ...

Una experiencia personal reciente me enseñó que mirar hacia atrás en la vida, sin importar dónde te encuentres en términos de edad, crecimiento o desarrollo personal, puede ayudarte a aprender de tu pasado y aprovechar tus experiencias. Mi esposa y yo, en contra de nuestro mejor juicio, decidimos ayudar a un chico con el que salía alguien muy cercano a nosotros. Para los propósitos de este libro, llamaremos a la pareja Jack y Jill. Cuando digo, "en contra de nuestro mejor juicio", la verdad es que nunca nos gustó este chico. Independientemente, ayudamos a esta joven pareja prestándoles el dinero que necesitaban para hacer el pago inicial de una casa.

Por un lado, sentíamos pena por el chico. No tenía dinero y, desde nuestra perspectiva, no tenía un futuro real. Por otro lado, una vocecita dentro de nosotros decía que había una razón por la que estaba en su situación específica. Aunque nuestra opinión de Jack era que no era lo suficientemente bueno para Jill, respetamos su decisión de intentar compartir y construir una vida con él. Con el tiempo, comenzamos a ver signos de una relación tóxica. Más tarde, descubrimos que él la maltrataba físicamente y, sin embargo, ella perseveró en aferrarse a esa relación, queriendo que funcionara.

Odio admitir esto, pero mientras Jill era una hermosa joven, trabajadora e inteligente, con tanto potencial, Jack era una basura. Tenía planes de construir un futuro mejor, sin embargo, había elegido una vida de pereza y abuso de sustancias en el pasado. Utilizando la analogía de las bifurcaciones en el camino, Jack siempre eligió el camino fácil, incluso cuando se presentaban oportunidades.

Cuando su relación llegó a un final inevitable, vendieron la casa, obtuvieron ganancias y nos devolvieron el dinero que les habíamos dado. Fue entonces cuando mi esposa y yo nos dimos cuenta de que le habíamos permitido a Jack seguir viviendo con tranquilidad. De repente, tenía $ 18,000 de la venta de su casa y sabíamos que todo iría a la bebida y las drogas. Mientras tanto, Jill continuó tratando de enderezarlo. Probablemente no necesito decirte esto, pero no puedes cambiar a las personas. Esto sonará duro, pero tienes que dejar la basura en la basura. De lo contrario, te arrastrarán con ellos. Hacer un cambio es una decisión personal. Nadie puede hacer que otra persona quiera mejorar a sí misma o crear una vida mejor.

Mientras Jack estaba desempleado y pasaba sus días bebiendo, Jill estaba trabajando y planeando continuar con su educación.

La lección de vida para mí fue esta: si ves un problema, dilo. Puede que no te haga popular en ese momento. Pero para cuando seas mayor, habrás aprendido mucho, aunque es posible que no lo tengas todo resuelto. Y es tu responsabilidad señalar esto a otras personas. Por supuesto, todos cometemos nuestros propios errores en la vida. Aprendemos de ellos. Pagamos las consecuencias.

Hay un patrón específico que veo a menudo con los nuevos consultores, en el que me cuentan sus problemas y, con una actitud de echar la culpa a los demás, se hacen la víctima de sus circunstancias. Todo lo que puedo hacer en esta situación es decirles la verdad sobre lo que deben hacer para tener éxito. Desafortunadamente, este tipo de personas se aferran a su mentalidad de víctimas y rechazan todo lo que les digo. Me perciben como alguien que los persigue por su situación, y a sus ojos soy el malo.

Vale la pena repetir la dura verdad: nueve de cada diez veces, las personas se encuentran en su situación por una razón. Nosotros—tú y yo—no podemos salvar al mundo. Intentamos. Por supuesto lo hacemos. Nuestros corazones están en el lugar correcto. Realmente nos preocupamos por las personas. Pero la realidad es que todo lo que terminamos haciendo es frustrarnos.

Otra lección que he aprendido a lo largo de los años, especialmente en este negocio, es que a menudo las personas están tan ansiosas por construir sus respectivos negocios que dan a su línea descendente expectativas falsas sobre cuánto dinero ganarán y con qué rapidez. El multi nivel es un modelo de negocio legítimo y no un plan para enriquecerse rápidamente. Lo que estas personas ansiosas deberían transmitir es lo que yo llamo "la historia de los $500". Me encanta esta historia porque es realista y comienza con una pregunta:

¿Qué significarían para ti $500 adicionales al mes?

Si tuvieras $500 netos de tu negocio además de tu trabajo diario, ¿qué significaría eso? Podría significar tres cosas:

Podría significar que podrías tomar esos $500 y ponerlos en un fondo de educación universitaria para tus hijos. Puedes pensar que $500 no es mucho dinero, pero cuando piensas en cuánto cuesta una educación (generalmente entre $30,000 y $50,000 al año), $500 al mes se convierten en $6,000 en ahorros en un año. Si tu hijo tiene 10 años en ese momento, agrega los intereses y los dividendos, y en el transcurso de siete años acabas de duplicar tu dinero. Para cuando tu hijo tenga 17 años, qué gran sensación sería entregarle un cheque para su educación.

Las otras dos cosas que podrían significar $500 al mes son igualmente importantes. Puedes ahorrar para tu jubilación o cuidados a largo plazo. Estos son hechos de la vida. Nuestros años futuros requerirán dinero. Todo eso para decir que deberíamos estar hablando de expectativas reales en lugar de falsas expectativas al construir nuestros respectivos equipos. Al compartir expectativas reales, tu gente se quedará porque tienen una mejor base de lo que pueden esperar y construir. Esta es una obviedad.

Además, no importa por lo que te estés esforzando, no lo harás todo hoy. A medida que envejezco, me doy cuenta de que todo tiene que ser un día a la vez, una meta a la vez. Un ejemplo de un pequeño objetivo en este negocio es la decisión o el compromiso de hablar con diez personas a la semana. De esas diez personas, tal vez una o dos considerarán unirse a tu negocio y una o dos decidirán comprar productos. Este tipo de expectativa realista y consistente de ti mismo es matemática sólida. Hablar a diez personas a la semana da como resultado 40 personas al mes. Eso es 480 personas al año. Cuando hable con 480 personas al año sobre cualquier tema, llegarás a las personas adecuadas.

Como líderes, es nuestra responsabilidad darles a las personas las expectativas correctas en lugar de las poco realistas como "te vamos a hacer ganar $50,000 dólares al mes". No estoy tratando de venderle a nadie una quimera. Estoy tratando de decirle a la gente lo que he aprendido y cómo pueden llevarlo más lejos. Si bien no creo en los esquemas de enriquecimiento rápido, sí creo que puedes volverte muy rico según tus propios estándares en mercadeo en red durante un período de tiempo haciendo las cosas bien, siendo consistente y construyendo un equipo con expectativas realistas.

Otro punto que quiero resaltar acerca de ser realista es que todos tenemos mucho con que lidiar en términos de hacer malabares con el proceso de construir un negocio, los problemas familiares y cualquier otra cosa que llegue a nuestras vidas. Sin embargo, sentimos que tenemos que tener esta cara feliz todo el tiempo. Incluso eso es poco realista. La verdad del asunto es que está bien decirle a la gente que tiene otras cosas que hacer y que es posible que no puedas llamarlos durante un par de días.

Probablemente te respetarán por ello, porque cuando sea su turno, no estarás sentado esperando que produzcan o no se sentirán culpables porque se perdieron una conferencia telefónica porque tuvieron que lidiar con algo. Está bien. La vida continúa.

He estado en este negocio desde 1983, y compañías como Mary Kay, Herbalife y Amway existían incluso en ese entonces. Probablemente estarán aquí mucho después de que yo me haya ido. Entonces, ¿cuál es la prisa?

Si bien es bueno trabajar rápido y duro, es más importante trabajar de manera constante. A lo largo de los años, esa es probablemente la lección más importante que he aprendido. Y esto no solo se aplica a este modelo de negocio, sino a todas las empresas y todas las áreas de la vida. Lento y constante es mejor que agotarse.

Reflexiones de Foster ...

Todos tenemos recuerdos— algunos son buenos, otros son malos. Lo importante a lo largo de nuestras vidas es aprender del pasado y aprovecharlo al máximo en el futuro.

Para mí personalmente, la muerte de mis padres a tan temprana edad me ha preparado en cinco áreas específicas:

1. Fe
2. Confianza
3. Crecimiento
4. Valor
5. Amor

1. FE

Lo importante aquí no es la fe en un sentido espiritual, sino en general. En otras palabras, fe en las cosas, fe en otras personas, fe en la vida, fe en las situaciones. Nos guste o no, el tema de la fe surge en todas las áreas de los negocios, y es importante entender el significado que trae. Puedo decir que tengo fe en el proyecto en el que estamos trabajando ahora mismo— la redacción de este libro, el que tiene en sus manos. Tengo fe en nuestro futuro. ¿En qué se basa esta fe? Está basado en el pasado. El pasado, que siempre incluye muchos contratiempos.

A lo largo de los años me han preguntado cómo seguí aferrándome a las aspiraciones futuras cuando, a la temprana edad de siete años, perdí a mi madre y lo vi suceder. Esa fue mi primera experiencia con la muerte. Luego, poco más de siete años después, falleció mi padre. Aquí es donde aprendí que la fe, al aferrarme a un mañana mejor, te ayuda a seguir adelante frente a la adversidad.

Mirando hacia atrás, me doy cuenta de que la fe es un componente muy crítico. Todos debemos tener esa fe para seguir adelante.

Una pregunta que surge a menudo es, ¿cuál es la diferencia entre fe y esperanza? La fe es más fuerte que la esperanza. Por ejemplo, quizás caminas entre los arbustos sin usar zapatos y "esperas" no pisar algo afilado. Experimenté esto. Pisé un trozo de vidrio que me cortó el dedo del pie en dos. Vivía en una ciudad donde no había hospital ni ambulancia ni paramédicos, ni atención médica tradicional. Si estabas sangrando, todo lo que podías hacer era sujetar la piel con fuerza mientras tratabas de encontrar algo para detener el sangrado. Y sobrevives sin ninguna explicación real de por qué se salvó la vida.

Menciono esto no porque sea triste, sino porque hay muchas cosas buenas detrás de cada situación. Hoy puedo ver que había un propósito para ciertas situaciones y sucesos, porque aquí estoy. Puedo viajar y mi historia ha enriquecido las vidas de otros ayudándoles a darse cuenta de que rendirse nunca es una opción.

2. CONFIANZA

El tipo de confianza al que me refiero es más sobre la confianza en los demás a pesar del hecho de que en ciertos momentos de mi vida, especialmente durante los años de mi niñez, todo a mi alrededor parecía tan oscuro. La luz al final del túnel para mí era una de esas cosas en las que tenía que confiar en que otros me llevarían hacia la luz, día a día, porque ¿a quién más tenía a mi alrededor? Mi mamá y mi papá se habían ido. No tuve más remedio que confiar.

Hay ciertas decisiones que he podido tomar conscientemente a lo largo de mi vida. Al mismo tiempo, también hay situaciones en las que me vi obligado a tomar decisiones. Ya sea que se trate de un trabajo o una elección de carrera, a veces solo tienes que confiar en

Principio 6: Mira hacia atrás en la vida

que quien te ayude a poner comida en la mesa se preocupa por tus mejores intereses.

Un buen ejemplo de esto fue mi primer trabajo en Montreal, donde trabajé en el turno de noche de cajas plegables en una fábrica de plástico. Puede que no parezca mucho, pero alguien me ayudó a conseguir ese trabajo para poder comenzar mi vida en un nuevo país. Tenía que *confiar* en que el camino en el que estaba me llevaría a alguna parte—me llevaría a algo mejor. Y esa confianza valió la pena.

3. CRECIMIENTO

Mirando hacia atrás en mi vida, ahora veo el crecimiento como equivalente al desarrollo personal. Es un proceso que dura toda la vida y una forma en que todos evaluamos nuestras habilidades y cualidades individuales para ver si podemos hacer algo más de lo que vemos actualmente ante nosotros. Como mencioné, mi primer trabajo en Canadá fue trabajar en una fábrica de plástico. Pero con el crecimiento personal tuve la oportunidad de evaluar mis propias habilidades y cualidades, y finalmente me di cuenta de que podía hacerlo mejor. Podría hacer más de lo que estaba haciendo en ese momento. Esto me lleva al siguiente tema.

4. VALOR

El valor es algo que debemos practicar a diario. El valor de no darnos por vencidos cuando nuestro plan parece desviarse. El valor de no darnos por vencidos, incluso cuando la vida se pone difícil. Y como todos sabemos, la vida a veces se pone difícil.

Incluso cuando encuentras algo que te apasiona, lo que he aprendido al mirar atrás es que todavía se necesitará coraje para perseverar. Todavía se necesitará valor para mantener la coherencia y lidiar con los altibajos, porque nadie permanece en la cima todo el tiempo. Un buen ejemplo es ganar una medalla de oro olímpica. Es muy difícil mantener ese nivel de rendimiento por el resto de tu vida. Y se necesita valor para evaluar también algunos de los retrocesos y saber que siempre puedes levantarte. No es necesario ser el número uno todo el tiempo para tener éxito. Siempre estarás en el juego mientras no te rindas. Eso en sí mismo requiere valor.

Observas algunos de los problemas que enfrentamos en la vida y, a veces, simplemente tienes que soltar y dejar que Dios se encargue. Hay ciertos días—incluso ahora—que simplemente no puedo resolverlos por mi cuenta. Y tan simple como suena soltar, en realidad es muy difícil. Es un paso muy grande. A la mayoría de nosotros nos gusta afrontar la vida con mucho optimismo, pero al mismo tiempo, no hay nada de malo en ser cautelosos.

Si bien algunos pueden ver el hecho de que crecí sin agua corriente y sin electricidad como desafortunado, yo lo veo bajo una luz diferente. Me siento afortunado de haber crecido en un pequeño pueblo donde nadie tuvo que preocuparse por cosas como perder su hogar en un incendio. También he sido muy afortunado de haber sido asesorado por muchas personas excelentes, tanto directa como indirectamente. Gente que me inspiró e incluso me bendijo con sus conocimientos. Todas estas bendiciones no son solo para mí, sino también para los demás. Mis hijos son los beneficiarios de esto, al igual que mis socios comerciales.

Esto nos lleva al tema del liderazgo. Una vez más, mirando hacia atrás en mis años de infancia y el entorno en el que nací, donde solo teníamos lo esencial. Algunos pueden ver que esto no tiene valor. Pero en cambio, elegí hacer crecer un negocio y compartir mis bendiciones con los demás. Me tomo muy en serio mi papel de líder empresarial. Mi objetivo es hacer siempre una contribución positiva.

Principio 6: Mira hacia atrás en la vida

Parte de la razón por la que deseamos escribir este libro es que queremos compartir el mensaje de que el liderazgo, ya sea con cita previa o de otro modo, es una oportunidad y un privilegio del que nunca se debe abusar. Como líderes, tenemos una responsabilidad que incluye preparar a las generaciones futuras para que puedan cuidar el mañana de manera significativa. Esto es cierto ya sea que nuestro rol de liderazgo sea como padres o como empresarios.

5. AMOR

Tenemos que considerar todos los temas que acabamos de tratar— fe, confianza, crecimiento y valor— con más inclusión que en el pasado. Una inclusividad por la que tenemos que seguir luchando. Tomando como ejemplo a alguien como Nelson Mandela, se necesita un cariño especial para poder pasar más de 27 años en prisión y luego volver y asumir la responsabilidad de ser el líder de un país sin desilusionarse.

Por supuesto, hay áreas en mi vida que me entristecen e incluso personas que me han hecho mal. Pero cuando te esfuerzas por tener amor en tu corazón, de alguna manera eres capaz de perdonar, olvidar y seguir adelante. Esto no significa que el recuerdo desaparezca. Cuando digo "olvidar", no significa que no recuerdes todas las heridas del pasado. Pero en general, a pesar de algunos de los desafíos y reveses, creo honestamente que Dios me ha salvado la vida. Estoy aquí para seguir compartiendo mis bendiciones. Para mí es importante mirar hacia el futuro con optimismo. Aquí es donde el liderazgo juega un papel fundamental. Se necesita valor para tener ese equilibrio y tomar decisiones que no sean de naturaleza egoísta. Todo esto depende de cómo queramos crecer como individuos en una sociedad acelerada.

CAPÍTULO 7

Principio 7: Observa el Efecto Dominó Financiero

Si bien el título de este capítulo habla del efecto dominó financiero, el mismo principio se puede aplicar a cualquier área de la vida, ya sea que el objetivo sea perder peso, mejorar tu memoria o construir un negocio. Esto se debe a que todo comienza con pequeños pasos que, cuando se toman de manera consistente, generan impulso.

Esta es una buena noticia para cualquiera que se sienta abrumado por sus ambiciones. Sí, todos tenemos grandes sueños. Esto es solo UNA de las cosas que nosotros, los escritores de este libro, y tú, el lector, tenemos en común. ¿Cómo sabemos esto? Porque todo lo que compartimos se ha aprendido de la experiencia personal y el hecho de que tengas este libro en tus manos significa que tienes preguntas, tal vez incluso dudas. Dicho esto, estamos seguros de que te sentirás aliviado después de leer este capítulo, y te alentamos a que no solo escribas tus metas (tanto financieras como otras), sino que también hagas una lista de las tareas—o pasos— que te llevarán a lograrlos.

Reflexiones de John ...

El concepto detrás del *efecto dominó* es que una cosa se convierte en otra cosa, que se convierte en algo aún mejor. Se trata de generar impulso. Un buen ejemplo proviene de hace algunos años, cuando estaba asesorando a un hombre al que llamaremos David. David era estadounidense y su tío fue el fundador de una importante empresa de pedidos por correo en el Reino Unido. Antes de fundar su empresa, el tío era un relojero que llevaba sus relojes de puerta en puerta en un esfuerzo por venderlos. Su desafío era que la mayoría de la gente en ese entonces no podía darse el lujo de comprar un reloj. Como puedes comprender, esto era un verdadero problema para el relojero, porque era su fuente de ingresos. Si puedes imaginarlo, estaba construyendo un artículo que todos necesitaban pero que no podían pagar.

Esto no disuadió al relojero. Enfocado en encontrar una solución, finalmente se le ocurrió una: una estrategia que beneficiaría a todos los involucrados. Se le ocurrió un plan mediante el cual, si sus clientes podían llegar a un pago inicial de un dólar, él podría hacer que el banco financiara el saldo del costo de su reloj. El banco ganaría dinero con los intereses, sus clientes obtendrían el reloj que querían y él podría ganarse la vida. Un beneficio mutuo para todos los involucrados. Este es un gran ejemplo del efecto dominó en el que una idea simple llevó a otra idea mayor.

Un ejemplo más actual es Jeff Bezos, conocido como el fundador de Amazon.com. Desde el principio, Jeff fue inflexible en colocar de nuevo su dinero en sus negocios. Tanto es así que su escritorio original era una puerta vieja. Si bien Jeff comenzó vendiendo libros en línea, una cosa llevó a la otra, y su negocio evolucionó hasta convertirse en lo que hoy es un centro de venta de productos, no solo suyos— sino también de otras personas. Hoy es uno de los hombres más ricos del mundo, con un patrimonio neto de más de $150 mil millones al momento de escribir este artículo.

McDonald's es otro buen ejemplo de la evolución de los tiempos y de cómo se produce el efecto dominó. McDonald's era

Principio 7: Observa el Efecto Dominó Financiero

originalmente conocido por sus hamburguesas. Al agregar ensaladas al menú, ahora también atiende a la sociedad actual más consciente de la salud.

Desde el punto de vista de la creación de redes, las oportunidades comienzan con un contacto. Originalmente conocí a mi amigo Sid hace más de 30 años. En ese momento, Sid era una línea descendente en mi empresa, y mantuvimos una amistad a pesar de que finalmente tomamos caminos separados con el negocio en particular en el que estábamos. A lo largo de los años perdimos el contacto, pero luego nos volvimos a encontrar y hoy tenemos múltiples intereses comerciales juntos en diferentes industrias alrededor del mundo. El efecto dominó aquí es claro: conocí a Sid de un negocio, y aunque finalmente salió de la industria del mercadeo en red, nunca salió de los negocios. Aunque ya no está en el mercadeo en red, nuestra afiliación es cómo comenzamos juntos.

Fundamentalmente, el efecto dominó es un principio de crecimiento. Volviendo a la referencia de McDonald's, J. R. Simplot era un productor de papas de Idaho que ganó el negocio de su vida cuando descubrió cómo liofilizar sus papas y se convirtió en el primer proveedor de papas fritas de McDonald's. A partir de ahí, Simplot se involucró en la industria de los procesadores de computadoras cuando se convirtió en el inversionista que ayudó a financiar Micron.

Todos estos ejemplos enseñan la lección de que las oportunidades están en todas partes y nunca se sabe a qué conducirá una reunión o una idea fortuitas. Un gran error que cometen las personas es cuando deciden cortar el lazo con alguien simplemente porque no están interesados en su oferta comercial. Aunque alguien no esté interesado en tu negocio de mercadeo en red hoy, podría convertirse en un muy buen contacto en el futuro para algo que no tenga nada que ver. Es precisamente por eso que ayudamos a desarrollar personas y construir relaciones en este negocio.

Otro gran ejemplo comienza con una mujer llamada Mary Kay Ash, también conocida como la fundadora del multimillonario negocio Mary Kay Cosmetics. Mary Kay básicamente inició su empresa porque era la principal vendedora en otra empresa y, a pesar de sus logros y su tasa de éxito, en 1961 la rechazaron para un puesto de ventas de nivel superior. Sabía que debería haber obtenido el ascenso. Había trabajado duro y se lo merecía. Esto la impulsó a comenzar su propia empresa en 1963. Su acción no solo reflejó su capacidad para defenderse a sí misma, sino a todas las mujeres. Al hacerlo, convirtió lo negativo en positivo al transformar el techo de cristal o las barreras laborales específicas de género en ese momento en un número infinito de oportunidades para las mujeres en todas partes.

Reflexiones de Foster ...

El efecto dominó es algo con lo que todos podemos relacionarnos. Ya sabemos que las decisiones que tomamos— ya sean financieras o no— tienen un impacto. Con o sin la visualización de fichas de dominó que caen, el efecto dominó es un tema importante y un recordatorio de que nuestras decisiones tienen consecuencias. Agrega el aspecto financiero y las consecuencias de nuestras decisiones afectarán aún más a la realidad. Algunos de nosotros tenemos una buena relación con nuestras finanzas, pero la mayoría de nosotros no.

Cuando miro el efecto dominó en lo que respecta a nuestro negocio, una persona tiene éxito y ella, a su vez, le enseña a otra cómo tener éxito. Esta idea de ayudarnos unos a otros para lograr

Principio 7: Observa el Efecto Dominó Financiero

nuestras propias definiciones de éxito continúa con el mismo efecto dominó.

Hace muchos años, leí *La parábola del conducto* de Burke Hedges. Para poner esto en contexto, me crie en un pequeño pueblo donde la única forma de tener agua en tu casa era llevándola a casa en baldes. La cantidad de baldes que cargabas sería igual a la cantidad de agua que tenías durante el día. Algunos pueden darlo por sentado, pero cuando lo piensas, necesitas agua para todo, desde limpiar hasta cocinar y bañarte. Por lo tanto, transportar agua era un trabajo tedioso, pero una necesidad para administrar adecuadamente una familia y un hogar.

El desafío en este escenario era que esta tarea requería que fueras fuerte y saludable. En otras palabras, si hoy tienes rigidez en el cuello o dolor de espalda, no puedes cargar un balde. Sin embargo, todavía necesitas el agua para sobrevivir. Cuando miro hacia atrás y comparo eso con el presente y el dominó financiero, también observo la forma en que las personas viven sus vidas en la sociedad actual. Cuando finalmente dejé mi pueblo y llegué a la ciudad, me di cuenta de que todos tenían tuberías que llevaban el agua desde el río hasta sus hogares. Si alguien necesitaba agua, simplemente podía abrir el grifo y ahí estaba. Una vez que entendí este concepto, lo que me encantó fue lo eficiente que era. Ya sea que esté sano, enfermo o durmiendo, el agua siempre está disponible gracias a la tubería.

En contraste con esto, una persona con discapacidad no puede cargar un balde. O para acercar esta analogía al mundo actual, cuando eres un empleado, solo tienes una cantidad determinada de días por enfermedad y de vacaciones. Una vez que se agotan, si— Dios no lo quiera— te enfermas, o ya no tienes ingresos o es el final de tu carrera. Esto no es algo que le deseo a nadie, pero lo estoy usando como ejemplo para demostrar el poder del principio del dominó financiero y su efecto continuo.

En nuestra línea de trabajo y modelo de negocio, nos esforzamos continuamente por enriquecer la vida de los demás; al hacerlo, estás enriqueciendo indirectamente tu propia vida. Este, por definición, es el efecto dominó. Cualquiera a quien le vaya muy bien con su propio negocio, en última instancia, enriquece la vida de los demás, como se demuestra en la parábola del conducto que cuenta la historia de dos primos jóvenes que viven en un pequeño pueblo en algún lugar de Italia. Tanto brillantes como trabajadores, los primos tenían grandes sueños de volverse muy ricos algún día. Todo lo que necesitaban era una oportunidad, que se presentó un día cuando los ancianos del pueblo decidieron contratarlos para llevar agua desde un río cercano hasta la plaza del pueblo. Su trabajo consistía en traer suficiente agua para toda la ciudad todos los días. Al final de cada día, a los primos se les pagaba por la cantidad de baldes que habían llevado para llenar la cisterna del pueblo.

Era un trabajo duro, e inevitablemente llegó el día en que uno de los primos sufría ampollas en los pies por caminar de un lado a otro del río, así como dolor de espalda por cargar balde tras balde todos los días. Fue entonces cuando a uno de los primos se le ocurrió un plan para construir una tubería desde el río hasta el embalse. Como se trataba de una idea nueva para la época, todos se rieron del plan del primo. Independientemente, trabajó las noches y los fines de semana en la construcción de su conducto. Mientras tanto, el otro primo pasaba su tiempo libre en el bar, gastando el dinero que tanto le costó ganar en alcohol.

Seis meses después, el primo hizo un progreso real en la construcción del conducto y finalmente lo terminó. Había construido una tubería que fácilmente podía hacer correr el agua directamente

Principio 7: Observa el Efecto Dominó Financiero

desde el río hasta la cisterna. La analogía en esta historia que se relaciona con el efecto dominó financiero es que algo que estaba tomando todo el día (llevar agua desde el río hasta el pueblo) ahora se estaba haciendo abriendo un grifo, y en minutos la cisterna estaba llena. Mientras tanto, el primo que se rio de la idea ya no era necesario para sus servicios porque a otra persona se le había ocurrido una solución brillante.

En la economía actual, no hay seguridad laboral real. En algún momento, un empleador ya no podrá utilizar tus servicios y serás reemplazado por un método más eficiente para hacer tu trabajo. Pero si creas un sistema que puede continuar con un efecto continuo, puedes crear tu propio dominó financiero, y el efecto de eso puede ser muy positivo. Aquí es donde entra en juego el mercadeo en red. Tú haces el trabajo hoy, que es el sacrificio de hoy, y eso es lo que te recompensará mañana. El dolor a corto plazo equivale a una ganancia a largo plazo.

En otras palabras, los sueños del mañana se basan en los sacrificios de hoy. Si una persona puede mantener sus ojos en el premio, puede ver cuán poderoso es este principio. El efecto dominó financiero es un concepto que demuestra cómo todo lo que hacemos tiene un efecto. Esto puede ser positivo con la misma facilidad que negativo. Me gusta centrarme en el hecho de que puedes crear algo hoy que seguirá generando ingresos incluso cuando ya no estés aquí.

CAPÍTULO 8
Principio 8: Riega la semilla

Disciplina. Atención. Rutina. Impulso. Cuando se trata de alcanzar metas, estas cuatro palabras definen las herramientas que te llevarán desde donde estás hasta donde quieres estar. En otras palabras, desde un deseo o visión hasta el resultado o resultados previstos. Esto se aplica a todo, desde alcanzar tu peso ideal hasta vivir el estilo de vida de tus sueños. En resumen, estas cuatro palabras se pueden definir con el viejo adagio: *riega la semilla*.

Cuando riegas una semilla, le das el cuidado que necesita para crecer. Le proporcionas el suelo o el entorno adecuados para obtener buenos resultados. Y si bien esto parece que se aplica a un objetivo externo como el éxito empresarial o un logro como perder peso, en realidad es un trabajo interno. Alcanzar el éxito, sin importar lo que eso signifique para ti, comienza contigo mismo en términos de autodesarrollo. Esto se aplica al crecimiento, al tiempo que le brindas a algo sobre lo cual construir para que puedas crear la mentalidad adecuada para la disciplina, el enfoque, la rutina y el impulso necesarios para lograr tus objetivos.

Para la semilla, hablamos de la cantidad adecuada de agua, luz solar y buena tierra para el crecimiento. Para ti, esto se traduce en un entorno saludable y una mentalidad positiva.

Cuando desglosas estas cuatro palabras— disciplina, concentración, rutina e impulso— se pueden actuar. Esto te coloca en una excelente posición porque significa que tienes control sobre si tendrás éxito o no lograrás tu objetivo.

Tú desarrollas disciplina.
Tú diriges tu enfoque.
Tú te apegas a una rutina.
Tú construyes el impulso.

Una excelente manera de demostrar el poder de estas cuatro herramientas es pensar en lo contrario: *descuidar la semilla.* Un suelo pobre y la falta de agua solo pueden producir lo contrario del éxito; específicamente, sin crecimiento ni actividad en absoluto.

Una vez más, esto también se aplica a tus metas y desarrollo personal. Rodéate de personas que no te inspiran, que te "deprimen", y descuida tomar acciones consistentes hacia tus metas y permanecerás donde estás hoy: deseando, esperando, soñando.

Curiosamente, lo opuesto a estas cuatro palabras de acción es una simple palabra de no acción: negligencia. Como sabemos, es más fácil no hacer nada. Pero pon un esfuerzo constante para lograr tus objetivos, y la magia se hará realidad a medida que tus sueños se conviertan en realidad.

Reflexiones de John ...

Uno de mis muchos mentores tanto en los negocios como en la vida fue el difunto Jim Rohn. Conocido como emprendedor, autor y orador motivacional, una de las cosas que solía decir era: *"Todas las distracciones son iguales."*

Lo que quería decir con eso es que una distracción puede ser cualquier cosa—incluso simplemente mirar un partido de deportes

Principio 8: Riega la semilla

cuando sabes que debes planificar tu próxima conferencia telefónica. No me malinterpretes. Yo también soy un fanático de los deportes y amo un buen juego. Después de todo, el equilibrio entre dedicar tiempo a la construcción de un negocio y los intereses personales es importante. Pero en el mundo actual, esa no es una excusa viable, porque puedes grabar cosas; no hay razón para perderse nada. Incluso las buenas excusas ya no son excusas.

Lo que pasa es que todo en la vida conduce a hábitos y la gente crea malos hábitos. No quiere decir que no deberías disfrutar de tu vida y ver un juego de vez en cuando, pero hay muchas de estas distracciones. La cuestión es que, ya sea un juego o tu programa de cocina favorito, todas estas distracciones son iguales y, si te distraen de tu negocio, interrumpirán el proceso de generar impulso y seguir adelante. Más importante aún, estas distracciones crean malos hábitos y, una vez que los creas, es muy difícil deshacerse de ellos. Incluso es comparable a una adicción.

Realmente creo que la industria de la venta directa es un negocio de autodesarrollo con un plan de mercadeo. Es una forma de que te paguen por tu propio crecimiento. Y cuantas más habilidades adquieras, menos te distraerás. A medida que avances en el negocio a lo largo de los años, descubrirás que te distraerás cada vez menos. Puedes hacer más en cuatro horas enfocadas hoy que nunca, gracias a la tecnología y las muchas herramientas a las que tenemos acceso.

Lo he visto suceder una y otra vez. Por ejemplo, hace años, cuando vivía en Nueva Jersey, tenía un consultor en mi equipo que era maestro de escuela. Inicialmente le fue muy bien en el negocio a tiempo parcial. En ese momento tenía niños pequeños y era lo que yo consideraría una persona muy centrada. Cuando trabajaba a tiempo parcial en su negocio, encontró la manera de construirlo a pesar de todo lo que sucedía en su vida, incluida su familia, su trabajo de tiempo completo y su participación en su iglesia. Llegó al punto en que estaba ganando un promedio de $5,000 a $6,000 al mes dentro de los 90 días posteriores al inicio de su negocio. Era una persona muy simpática. El tipo de persona que entra en una habitación y todos gravitan hacia él.

Con su rápido éxito, decidió que quería concentrarse en su negocio a tiempo completo, y recuerdo haberle advertido sobre eso. Pensé que estaba cometiendo un error. Aunque ya había demostrado que tenía un fuerte sentido de la disciplina, su trabajo docente de tiempo completo le proporcionaba seguridad, beneficios y tiempo libre durante las vacaciones y los meses de verano. Pero pensó que si se enfocaba en una sola cosa —su negocio— tendría más tiempo para pasar con sus hijos durante el día.

Finalmente, dio el paso y dejó su trabajo en la escuela para construir su negocio. En menos de tres meses pasó de ganar $5,000 al mes a ganar $2,000 al mes. Básicamente, se salió del negocio porque ya no conocía gente de manera orgánica como lo había hecho antes con su trabajo de profesor. No solo eso, sino que estaba tan distraído con todo su tiempo libre (llevando a sus hijos al parque, etc.) que destruyó su propio negocio. Al final resultó que (y esto sucede a menudo), todo el tiempo extra que ya no tenía que dedicar a su trabajo docente no se aplicó a su negocio. Terminó perdiendo la disciplina que lo había hecho tan exitoso en primer lugar.

Voy a compartir una historia que es la otra cara de eso. Esta historia también trata sobre un maestro de escuela. Durante los primeros dos años de esta segunda persona en el negocio conmigo, continuó enseñando en la escuela. De hecho, llegó al punto en que comenzó a duplicar sus ingresos con su negocio de MLM a tiempo parcial antes de decidirse a dejar su trabajo como profesor y dedicarse a tiempo completo a su negocio.

Principio 8: Riega la semilla

Otro caso es el de un planificador financiero que conozco que vive en Idaho. Él y su esposa convirtieron su negocio en una organización muy agradable. Estaban ganando más de $15,000 al mes y nunca abandonaron su práctica de planificación financiera. Con los contactos que hicieron desde su "trabajo diario", vieron el puente entre sus dos negocios y cómo ambos representaban oportunidades para negocios cruzados. Una vez más, esto demuestra que, si no estás distraído, puedes manejar múltiples negocios e incluso múltiples empresas con tu tiempo, siempre y cuando te mantengas disciplinado.

Uno de los mayores errores que comete la gente es glorificar la libertad. Piensan que, porque están "en el negocio por sí mismos", tienen derecho. Una buena forma de demostrarlo es imaginando que compras un restaurante McDonald's. Me gusta usar McDonald's como referencia porque es un modelo comercial probado y tiene una marca sólida. Entonces, inviertes en un restaurante McDonald's, lo que te convierte en un trabajador autónomo. Todo está bien, excepto que una mañana vas al trabajo y descubres que el camión que se suponía iba a entregar los huevos para todos los desayunos que sabes que vas a servir no apareció. Tal vez tuvo una llanta ponchada o tal vez tuvo un accidente. Ese no es el punto. El caso es que suceden cosas así. ¿Entonces, Qué haces? ¿Como reaccionas?

La mayoría de la gente se ve a sí misma como "el jefe". Han hecho esta gran inversión y, por lo tanto, tienen derecho a un ingreso. Pero esa no es la respuesta correcta. Lo que realmente necesitas hacer es meter tu trasero en el auto e ir al 7-Eleven o donde puedas encontrar los huevos que necesitas para tu multitud matutina. De lo contrario, no tendrás una clientela de desayuno y perderás mucho dinero ese día y durante los días posteriores, porque el boca a boca viaja rápido y la gente escuchará que "el McDonald's no estaba sirviendo huevos". Tomar la acción de ir a buscar huevos se llama responsabilidad propia.

El punto aquí es que la libertad conlleva una gran responsabilidad cuando trabajas por cuenta propia. Las personas que entienden esto son las que van a tener éxito. Si no entienden esto, puede ser muy autodestructivo, porque en lugar de concentrarse en hacer que su negocio funcione, están ocupados dando por sentada esa libertad.

Ciertos aspectos de mi negocio están en mi mente todo el tiempo, incluso cuando estoy de vacaciones. Puedo volver locos a mi esposa e hijos con eso, pero a todos nos gusta el estilo de vida que he podido proporcionar al mantener la vista en la pelota y concentrarme en mi negocio. Tomo la libertad como una bendición, pero también la tomo como una responsabilidad. Tengo que actuar todos los días, aunque sea por tan solo una hora. Hago lo que tengo que hacer para mantener el impulso de mi organización y mi negocio. Tengo una responsabilidad conmigo mismo, pero también con mi equipo de consultores.

Por supuesto, mantenerse motivado todos los días no es fácil. Y esa es precisamente la razón por la que tu "por qué" es tan importante. Siempre he estado orientado a los objetivos, y mi "por qué" original era tener suficiente dinero para que cuando llegara a los 50 años, trabajar fuera una opción. Esa visión de tener la libertad de hacer lo que quisiera más adelante en la vida es lo que me mantuvo motivado. Ya sea que tu objetivo sea a largo plazo o que elijas visualizar objetivos a corto plazo, como unas vacaciones, debes escribirlo. Tu "por qué" es lo que te recordará lo que necesitas hacer y te motivará para hacerlo.

La mayoría de la gente considera el dinero como su "por qué", y si ese es el caso, debes hacerte una pregunta importante: ¿Para

Principio 8: Riega la semilla

qué? Para aclarar, debes responder esa pregunta de "qué". ¿Es una cosa? ¿Una caridad? ¿Un viaje? ¿Una cantidad de dinero que sabes que necesitas para jubilarte? Necesitas responder esa pregunta por ti mismo. Si no tienes una respuesta, no tienes dirección.

Tenía un objetivo muy simple cuando comencé en la industria del mercadeo en red: quería ganar $1 millón. Hay una diferencia entre ganar un millón de dólares y ser millonario. Lo sabía y tenía el objetivo de ganarlo por primera vez cuando cumpliera los 30 años. Y debido a mi naturaleza competitiva— como atleta y en todo lo demás que hago— lo logré.

William O'Neil, ex editor y editor del periódico *Investor's Business Daily* (Diario de Negocios del Inversionista) centrado en los negocios, hizo una gran declaración: *Cómo piensas es todo*. La forma en que pensamos sobre nuestro negocio determina su resultado. A veces nos distraemos con cualquier cosa, desde el clima hasta los eventos mundiales. Con la excepción del 11 de septiembre y la muerte de mi propio padre y la muerte de nuestra hija, a lo largo de los más de 37 años de mi carrera empresarial, no me he tomado más de tres días libres consecutivos. ¿Estoy loco? Probablemente. Pero elegí esto, y los resultados hablan por sí mismos.

Un consejo que comparto a menudo es dedicar 15 minutos al día al autodesarrollo, ya sea leyendo la Biblia o escuchando a un orador motivacional. ¿Qué son 15 minutos de un día de 24 horas? Esto te ayuda a convertirte en una persona más completa. Se trata de regar constantemente la semilla, que en este contexto es tu negocio y tú mismo. Solo recuerda que una buena tierra (en este contexto, tu mente) dará buenos resultados. Además, rodearse de buenas personas crea un buen ambiente.

Reflexiones de Foster ...

Regar la semilla es un principio que creo que encaja con nuestras responsabilidades. Cuando miro esto desde el punto de vista de ser padre, me gusta hacer la conexión con nuestras responsabilidades. Por ejemplo, inicialmente es nuestra responsabilidad saber que nuestros hijos no van a poder atarse los cordones de sus propios zapatos. Nuestro trabajo como padres es asesorar y parte de eso es asegurarnos de que nuestros hijos estén bien arreglados y bien guiados.

Una pregunta que surge a menudo es: "¿Cuánto tiempo tendré que estar allí para ellos?" Ya sea que nos refiramos a nuestras responsabilidades como padres o como mentores comerciales, la respuesta a esa pregunta es el tiempo que sea necesario. Nadie tiene un horario fijo que determine la cantidad de semanas, meses o años que un niño o colega nos necesitará. Cuando se trata de regar la semilla, lo que estás creando es un entorno más saludable.

Veámoslo desde un punto de vista agrícola: tienes que plantar una semilla, pero si no proteges esa semilla, en algún momento, las malas hierbas se interpondrán en el camino y probablemente la ahogarán para que no tenga una oportunidad de crecer. Entonces, la riegas. Te aseguras de que la semilla tenga un camino despejado y un entorno limpio para convertirse en una planta saludable. No se puede simplemente plantar una semilla y sentarse y cruzar los brazos y esperar que sucedan grandes cosas.

Usando nuestra línea de negocio como ejemplo, siempre digo que es fácil inscribir a alguien en tu negocio de mercadeo en red. El verdadero trabajo comienza el día en que miras a la persona directamente a los ojos y dices: "Vamos a tener éxito juntos". Ese es el compromiso que haces con esa persona. Es una promesa y un indicador de tu integridad. Tener éxito juntos no puede ser algo como

Principio 8: Riega la semilla

tirar barro en la pared con la esperanza de que se pegue. Tienes que nutrir ese proceso asegurándote de que el barro que arrojes a la pared quede bien embarrado. Tienes que asegurarte de darle el amor y cuidado que necesita.

Parte de regar la semilla consiste en observar las habilidades y talentos únicos que las personas aportan. Hay ciertas cosas que llamamos potencial: Una actitud positiva. Un nivel de compromiso. El entusiasmo de una persona. Todas las cosas que llamo el 97% y que me hacen decir: "Está bien, esta persona tiene el potencial para tener éxito". El 3% restante es lo que yo llamo las "habilidades". Las habilidades comprenden lo que se necesita para involucrar a una persona y en el campo central.

Puedes estar motivado y comprometido, pero si no tienes las habilidades, ese 3%, esto puede afectar tu éxito o fracaso. Es por eso que necesitamos maestros y entrenadores, para asegurarnos de que las personas tengan acceso a aprender las habilidades correctas para poder hacer lo que necesitan para tener éxito. Una persona puede estar motivada e incluso comprometida a pasar todos sus días en un centro comercial tratando de repartir volantes. Pero si no saben cómo tener una conversación con una persona y hacer las preguntas correctas, no obtendrán los resultados que desean. Todo esto es parte de la curva de aprendizaje.

Estamos en el negocio de las personas, donde conseguir citas para conferencias telefónicas y reuniones cara a cara es fundamental. Se ha demostrado que, si puedes obtener diez de cada diez citas con cada contacto que hagas, tu negocio se disparará. También sabemos que, si puedes conseguir que cinco de cada diez personas se reúnan contigo, te irá muy bien. Pero se necesitan habilidades para poder obtener cinco o más citas de las diez llamadas que realices.

He visto situaciones en las que una persona no tenía las habilidades adecuadas, por lo que hizo las preguntas incorrectas y no obtuvo los resultados que deseaba. Si tú y yo somos compañeros de trabajo y durante nuestra pausa para el café te pregunto a qué te dedicas, obviamente esta es la pregunta incorrecta, porque trabajamos juntos. Debería saber a qué te dedicas. Si quiero contarles sobre mi negocio y la oportunidad que presenta, se necesita habilidad para saber qué preguntas hacer. La pregunta correcta puede ser: "¿Qué haces durante tu tiempo libre?" O preguntando por días festivos y vacaciones. Luego, según sus respuestas, puedo hacer una pregunta de seguimiento.

Un buen ejemplo es alguien que dice que le gusta ir a pescar. Una pregunta de seguimiento podría ser la frecuencia con la que van a pescar. Pueden responder diciendo que no van tan a menudo como les gustaría debido al trabajo. A partir de ahí puedo hablar de establecer un negocio que les proporcione más tiempo libre. La habilidad es poder hacer las preguntas correctas, que conducen a las preguntas de seguimiento correctas. Al mismo tiempo, te ayuda a comprender qué es importante para esa persona. Todo esto viene con la experiencia y la orientación adecuada.

Donde muchas personas fracasan es cuando traen a alguien al negocio y luego lo dejan colgando porque pasan a la siguiente persona sin realmente regar esa semilla. Un beneficio a largo plazo para todos los asociados es poder pasar tiempo con su gente y ayudarlos a tener éxito. Es mucho trabajo buscar constantemente nuevos reclutas si no puedes ayudar a los que traes. Esto no funciona de manera inteligente. Por otro lado, conozco personas en esta industria que trabajan inteligentemente durante tres semanas y luego se toman una semana de descanso cada mes. Estas personas se toman literalmente doce vacaciones al año.

Principio 8: Riega la semilla

Como se mencioné anteriormente, no hay un calendario específico sobre cuánto tiempo tienes que trabajar con una persona. Lo más importante es buscar personas con un fuerte deseo de triunfar y nutrirlas. El título de "mentor" o "líder" no es algo que deba tomarse a la ligera. Cuando le dices a alguien que vas a ayudarlo a tener éxito, esto es algo que debes tomar en serio. De verdad es una responsabilidad.

CAPÍTULO 9

Principio 9: Muestra amor por los demás

Si bien es posible que no esperabas un capítulo sobre *mostrar amor por los demás* en un libro de negocios, este es en realidad uno de los principios más poderosos de la industria del mercadeo en red, uno que lo separa de otros modelos comerciales. Aunque existe desde la década de 1920, en algún momento la venta directa adquirió un estigma negativo, no muy diferente al del "vendedor de autos usados" de la década de 1960. Esto es tan desafortunado como incorrecto.

Como se discutió en un capítulo anterior, un aspecto único y poderoso de esta industria es que fomenta el autodesarrollo. Algunos de los líderes de opinión más reconocidos en mercadeo en red reconocen que lograr el éxito— sin importar lo que eso signifique para ti— solo se puede lograr al crecer como persona y preocuparse genuinamente por los demás.

Y así, sin más preámbulos, es un placer para nosotros compartir nuestros pensamientos y experiencias sobre este tema contigo.

Reflexiones de John ...

Creo firmemente que la forma más importante en que podemos ayudar a los demás es dándoles un buen ejemplo. Al asumir la responsabilidad de nosotros mismos, incluido el cuidado personal y el cuidado de nuestras familias, enseñamos a otros cómo hacer lo mismo. Especialmente en una sociedad capitalista, al ayudar a las personas que nos importan a obtener las habilidades que necesitan, las alentamos a que sean autosuficientes.

Se sabe que Ronald Reagan dijo que de todos los "ismos", el capitalismo es el mejor incluso con sus muchos defectos. Como capitalista y emprendedor, como empresario y líder de ventas, como quiera que te llames a ti mismo, una de las cosas más importantes que puedes hacer es predicar con el ejemplo. Al hacerlo, estás ayudando a un bien mayor.

¿Qué quiero decir con "el bien mayor"? El bien mayor es este: si tienes éxito, en teoría pagas más en impuestos sobre la renta. Y ciertamente consumes más artículos, lo que contribuye a la economía, ya sea la economía local o la economía global. Una vez más, ¿cómo demuestras amor por los demás? Lo haces volviéndote personal, hasta el punto en que necesitas más de lo que tienen para ofrecer (sea lo que sea en términos de bienes y servicios en tu comunidad) y pagas más impuestos; estás ayudando a construir campos de ligas menores y mejores hospitales y mejores escuelas y mejores centros de entrenamiento y parques para la comunidad en general.

Una vez di un discurso sobre el capitalismo y alguien me desafió después. Respondí diciendo que todavía no he visto a un socialista o comunista construir algo sostenible a largo plazo. Sin embargo, cuando miro a personas como Bill Gates o Michael Dell o Steve Jobs o Henry Ford... todas estas personas han construido modelos sostenibles que emplearon a decenas de miles de personas durante décadas y más. Al final del día, se benefician y se vuelven ricos. Pero lo que es más importante, logran algo sirviendo al bien común. Sus esfuerzos ayudan a construir comunidades más fuertes.

Principio 9: Muestra amor por los demás

El amor propio y el amor al prójimo son en realidad lo mismo. Si no te amas a ti mismo, no puedes amar al chico de al lado. Es imposible, porque es una inconsistencia emocional. Si no me amo a mí mismo y me considero inútil, es realmente difícil salir y decirles a otras personas que deben alcanzar la grandeza en cualquier cosa que estén haciendo. Mi punto aquí es que todo—TODO—comienza con el amor propio.

Hace más de 30 años, me citaron diciendo: "Para amar a la gente, se usa el dinero". Todavía lo creo hasta el día de hoy. El dinero es para servir al bien común, ya sea para la caridad o para tu iglesia o para que tus hijos vayan a la escuela. Ganas dinero para poder repartirlo.

Aquí hay otro ejemplo: cuando miro mi producto actual, que es el producto principal que vendemos a través de nuestros respectivos negocios de mercadeo en red, pienso en cómo ese producto comenzó con los agricultores de Idaho cuidando y manteniendo su ganado. Usando una granja familiar como ejemplo, hay un granjero al que se le paga por cuidar ese rebaño y vende X galones cada año para hacer el producto. ¿Ayuda él a su comunidad en Idaho pagando impuestos que sostienen los hospitales y el campo de las Pequeñas Ligas? Por su puesto que lo hace.

Luego estoy yo. Me esfuerzo todos los días para construir un negocio más grande creando más demanda. Ahora ese granjero necesita más vacas, y tal vez se requieran más granjeros para satisfacer esa demanda. Mi negocio se reduce en ayudar al agricultor familiar y a otros. Entonces da un paso más. Obviamente, esa leche debe llegar desde Idaho hasta Montreal, donde se fabrica el producto. Bueno, eso significa que hay un camión involucrado, lo que significa que hay una empresa de camiones involucrada, lo que significa que hay despachadores involucrados y mecánicos involucrados para mantener esos vehículos. Ahora, una vez más, ¿se les paga a todas estas personas involucradas por hacer lo que hacen? Si se les paga. Y nuevamente, al desarrollar mi negocio, he creado un segundo conjunto de trabajos con la necesidad de transportar el producto.

Luego, una vez que el producto llega a Montreal, hay personas trabajando en las instalaciones de fabricación. Luego, para el empaque, hay una empresa de empaque que emplea a personas que una vez más pagan impuestos en su comunidad, y eso hace crecer su respectiva comunidad. Cuanto más grande construyo mi negocio, más puestos de trabajo creo. Cuantos más trabajos creo, más amor estoy demostrando, ya que estas personas pueden cuidarse a sí mismas y a sus familias. Este punto es importante: ser un emprendedor que crea empleo es algo noble.

De alguna manera se ha creado el estigma de que al construir un negocio me aprovecho de la gente. Pero en realidad es lo contrario. Amo lo que estoy haciendo. Me encanta escuchar que alguien se está convirtiendo en multimillonario, porque al convertirse en multimillonario, ha creado muchos millonarios que han creado muchos sub-millonarios. Todo porque han creado muchos puestos de trabajo. Mientras tanto, la gente paga sus impuestos. Están cuidando a sus seres queridos. Están enviando a sus hijos a escuelas decentes. Entonces, al ser un emprendedor, realmente he hecho algo bueno. Esta es una profesión noble y posiblemente incluso la más noble de las profesiones.

Dicho todo esto, ciertamente te ayuda cuando te vuelves hábil en lo que haces. Y al adquirir habilidad en lo que haces, a su vez, bendices a muchas otras personas, no solo a tu familia. Este modelo de negocio e industria está muy orientado a las personas. Como se mencionó, fomenta tanto el desarrollo de habilidades como el desarrollo de uno mismo.

Principio 9: Muestra amor por los demás

Reflexiones de Foster ...

Muestra amor por los demás. Este tema es muy apreciado por mi corazón, ya que creo que en la vida todo se trata del amor. En un mundo lleno de contrastes, o amas u odias. Mostrar amor hacia otro es una decisión. Es la decisión correcta, sin importar las circunstancias. Y creo que todos queremos tomar la decisión correcta. No conozco a nadie que elija odiar sin tener que afrontar las consecuencias. Sobre todo, porque el amor es algo que todos deseamos.

Una cosa sobre el amor que sé con certeza es que cuando se ayudan a llevar las cargas de los demás, cada peso es más liviano. Cuando llevan las cargas de los demás, incluso si no piensan en lo que van a recibir a cambio, siempre hay una recompensa porque lo hacen con amor. Hay varias citas que hemos compartido con nuestras redes, y una en particular, que realmente vivimos, habla de cuando ayudas a suficientes personas a obtener lo que quieren, siempre obtendrás todo lo que deseas. Esta filosofía es más poderosa de lo que la gente cree.

Incluso si estás tratando con alguien que no entiende el amor, cuando estás amando con todo tu corazón, es imposible no recibir amor a cambio. Para usar una experiencia personal como ejemplo, cuando mi esposa y yo salimos por primera vez, puse todo sobre la mesa. No me contuve. Y eso me liberó. Hasta el día de hoy, no tengo que preocuparme de que se entere de algo, porque lo que ves es lo que hay. Este soy yo. En lugar de sentirme avergonzado, compartí mi pasado y mis luchas desde un lugar de amor. Por ejemplo, hasta los 15 años, dormía sobre una colchoneta y no sabía nada sobre colchones cómodos. Para mí, poder ser realmente abierto con mi esposa fue una forma de expresar mi amor y mi gratitud. Eso nos acercó mucho y ella pudo abrirse conmigo también. Venimos de orígenes completamente diferentes, por lo que esto fue importante para los dos y también importante para nuestra relación. Realmente creo que hay muchas formas en las que puedes mostrar amor hacia otra persona. Un ejemplo pequeño pero muy significativo es calentar su auto por la mañana. Esto parece trivial, pero significa mucho para ella. A cambio, ella naturalmente hace cosas por mí sin que ella siquiera tenga que intentar hacerme feliz.

Observar nuestro modelo de negocio en particular, ayudar a otros o hacer cosas para ayudar a alguien a tener éxito de manera orgánica crea seguridad para ti. En nuestra línea de trabajo, siempre digo que mi bondad no se demuestra, sino que se percibe. Y adivinen quién está ahí arriba: todos los que me han ayudado. Es una forma indirecta de retribuir. Cuando podemos mostrar amor a los demás sin preocuparnos por lo que vamos a ganar a cambio, nos ayuda a hacer todo lo posible y, francamente, el amor no tiene límites. Me doy cuenta que cuando amas, te quitas una enorme carga de encima. Pero cuando odias, es casi como si constantemente tuvieras que cuidarte las espaldas e incluso tener que explicar por qué estás haciendo ciertas cosas. Cuando muestras amor, rara vez te preguntarán: "¿Por qué estás siendo tan amable?". Pero cuando eres malo con los demás y tienes una actitud de odio, la gente se cuestiona todo sobre ti. Esto se debe a que no es lo natural que la gente espera de los demás. Cuando una persona ha causado mucho dolor, incluso después de haber sido perdonada, todavía quedan cicatrices en el corazón de los demás. El odio nunca es algo bueno. Lo contrario ocurre con el amor. Cuando muestras amor, dejas una huella permanente de bondad.

Hace unos años, recibí la noticia de que mi mentor de todos los tiempos, Richard DeVos, el fundador de Amway Corporation, había fallecido. Hace unos 30 años este hombre me tocó el hombro y me dijo: "Hijo, tienes la postura correcta. Sigues haciendo lo que estás haciendo y algún día tendrás éxito". Eso es amor. Ese es alguien que habla de amor. Treinta años después, todavía escucho su voz. Todavía siento su mano en mi hombro. Esto es lo que yo llamo "un impacto duradero".

El amor se puede demostrar de muchas formas. Este es un hombre que no conocía hasta que me presentaron al mercadeo en red. Y debido a su amor por la industria y su amor por la humanidad, tocó las vidas de millones de personas. El amor tiene una forma de hacer maravillas. Cuando muestres amor por los demás, tendrás un impacto positivo y duradero.

Nosotros los padres lo sabemos. Amamos a nuestros hijos. Y si puedes amar a otros niños de la misma manera que amas a tu propio hijo, o amar a otras personas de la misma manera que te amas a ti mismo, afectarás el mundo en el que vivimos. Mostrar amabilidad y un interés sincero en el éxito de otra persona es algo hermoso y contagioso.

Hay un joven que vive en República Dominicana y recientemente se convirtió en el primer Consultor Platino en su país para la empresa que representa. Este joven, que solo tenía 15 años cuando vino por primera vez a escuchar una conferencia, ha logrado algo grandioso para él y para quienes lo rodean. Es extraordinario. Y cuando lo ves trabajar, realmente ves esto. Su disciplina y dedicación son increíbles.

Una vez más, mostrar amor por los demás puede ser simplemente nuestro propio sentido de gratitud. Estoy mirando a este joven y tiene todas las razones para mostrar gratitud hacia su patrocinador, porque si esa persona no hubiera compartido la oportunidad de negocio con él, quién sabe dónde estaría hoy.

Creo que no hay condiciones para amar. Aprender a amar puede resultar difícil para algunas personas, pero no creo que el amor sea algo que deba tener condiciones. Debe ser incondicional y sin juzgar. Miro nuestro negocio, y algunas personas pueden entrar y están listas para comenzar desde el primer día. Con otras personas es diferente. Tienes que encontrar formas de correr con aquellos que pueden correr, trotar con aquellos que pueden trotar, gatear con aquellos que pueden gatear. Y a veces simplemente detente y pregunta: "¿Necesitas una mano?" Y mira hacia atrás para ver quién está alcanzando esa mano.

A veces es solo ese pequeño toque. Y creo que este negocio te da la oportunidad de hacerlo. Podemos ver a las personas por sus fortalezas y sus debilidades porque todos somos diferentes. Mi maravillosa ciudad de Toronto es multicultural y siempre digo que es multi compleja porque todos somos diferentes. Gracias al amor de unos a otros y al amor mutuo, podemos vivir en paz. Con amor podemos lograr cualquier cosa. No hay forma de que podamos hacer algo grandioso sin tener amor detrás. Me gusta decir que el amor es la base para que sucedan todas las grandes cosas. El amor también es el pilar que mantiene todo en su lugar.

CAPÍTULO 10

Principio 10: Entrénate para Pensar como Piensan las Personas Exitosas

Entrenarnos para tener la mentalidad correcta es un paso muy importante hacia el éxito. Todos sabemos que las personas exitosas—aquellas que han logrado grandes cosas independientemente de las circunstancias y desafíos—tienen una forma de pensar extraordinaria.

La pregunta es, *¿cómo piensan ellos?* Y lo que es más importante, *¿cómo aprendieron a pensar de esa manera?*

Como solemos decir, el éxito deja pistas. Este capítulo revela algunas ideas importantes sobre la forma en que la gente común—personas como nosotros—se las ha arreglado para lograr algunas hazañas bastante extraordinarias. Nuestra esperanza es que estas revelaciones te brinden la guía necesaria para convertir tus sueños en tu vida ideal.

Reflexiones de John ...

Parece obvio, pero vale la pena decirlo: las personas exitosas piensan y hacen lo que las personas fracasadas no están dispuestas a pensar y hacer. La diferencia entre estos dos grupos de personas es que las personas exitosas son más proactivas. Aquí hay un ejemplo de cómo una persona típica piensa en general: "Quiero levantar 500 libras en el banco de pesas, pero no quiero ir al gimnasio hoy. Lo pensaré ... veré una película al respecto... Iré al gimnasio mañana".

La conclusión es que la mayoría de las personas no toman las medidas necesarias para lograr sus objetivos. Y lo más importante, no hacen CONSISTENTEMENTE lo necesario para lograr sus objetivos. Generalmente, las personas que tienen éxito son las que son proactivas de manera constante. Tienen reuniones. Tienen conferencias telefónicas. Tienen llamadas individuales. Están hablando constantemente con la gente, ya sea en las redes sociales o cara a cara. En nuestro negocio específicamente, las personas que tienen éxito conversan constantemente con al menos diez personas al día sobre su oportunidad.

También vale la pena señalar que cuando eres proactivo, cometerás más errores que la persona inactiva. Y eso es bueno, porque aprendemos mucho del fracaso; quizás incluso más de lo que aprendemos del éxito. En otras palabras, no puedes fallar solo porque estás pensando en algo. No hacer nada porque estas escuchando tu miedo puede parecer el camino más seguro, pero no lo es. En el lado positivo, cuando lo intentas y fallas, puedes descubrir por qué algo no funcionó—¡esta vez!

Dos grandes citas de Edison son: *"No he fallado. Acabo de encontrar 10,000 formas que no funcionan".* Y, *"Muchos de los fracasos de la vida son personas que no se dieron cuenta de lo cerca que estaban del éxito cuando se rindieron".*

Me encantan estas citas porque muestran el "fracaso" desde la perspectiva de un genio de renombre. La diferencia entre el éxito y el fracaso es la mentalidad, pero también es tomar las acciones necesarias para ver que hacer algo de una manera puede parecer funcionar, pero si lo modificas, aunque sea un poco, la próxima vez puede funcionar aún mejor. Actuar y estar abierto a aprender son cosas que distinguen a las personas exitosas.

Principio 10: Entrénate para Pensar como Piensan las Personas Exitosas

En realidad, todo se reduce a que la diferencia entre tener éxito o no es que tienes que estar dispuesto no solo a intentarlo, sino a intentarlo de forma continua mientras modificas constantemente. En segundo lugar, creo que tienes que estudiar qué es el éxito y cómo te atañe. Por ejemplo, no pasaré mucho tiempo viendo programas de crímenes reales porque no tengo la intención de matar a nadie. Por otro lado, si hay un documental o una biografía sobre alguien a quien admiro por sus logros o tenacidad, como Steve Jobs, Bill Gates, Warren Buffett, Henry Ford o un atleta o músico, entonces soy todo oídos.

Un buen ejemplo de estudio del éxito es tomar a alguien como Henry Ford y observar lo que hizo para construir Ford Motor Company—desde pagar a las personas lo suficiente para que pudieran comprar los automóviles que estaban fabricando hasta desarrollar la cinta transportadora. La tecnología en ese entonces era dar a las personas un trabajo específico. En lugar de tener diez hombres cada uno haciendo diez cosas diferentes lentamente, dejó que cada uno hiciera una cosa y se convirtiera en experto en ello.

Un concepto que se le ocurrió a Ford es "hacer suficientes autos y tener el precio correcto para que la gente realmente pudiera pagarlos". Se adelantó años a su tiempo en términos de tecnología. Pero, ¿con quién pasaba Ford su tiempo hablando? Pasó su tiempo hablando con personas como George Washington Carver, un gran inventor por derecho propio. Además, Ford se hizo amigo de Thomas Edison. Solo podemos imaginar cómo debieron haber sido esas conversaciones.

No puedo enfatizar esto lo suficiente: si quieres tener éxito, estudia el éxito. Si quieres ganar mucho dinero, estudia a las personas que ganan mucho dinero. Básicamente, llena tu mente con la información y los pensamientos correctos y concéntrate en lo que quieres lograr. Del mismo modo, si va a tener éxito, debes asociarse con personas exitosas.

Si te rodeas de personas que están en el camino correcto en la vida, por lo general también permanecerás en el camino correcto. Una de las razones por las que salgo con Foster es que Foster es una persona muy positiva. No importa cuáles sean las circunstancias, siempre mira el lado positivo. Debo admitir que yo no siempre veo el lado positivo de las cosas. Pero Foster ... él siempre se está fijando en "Tengo esta gran vida y esta gran esposa y estos grandes hijos y esta gran casa y yo vivo en un gran país ..." y mira todo desde ese punto de vista. Se siente bendecido porque es bendecido. También se podría decir que Foster es bendecido porque se siente bendecido. Esta es una cualidad que admiro en él.

Creo que asociarse con personas que están en el camino correcto, personas que quieren hacer algo con sus vidas y personas que siempre ven el lado positivo de las cosas es la forma en que entrenas tu mente para el éxito. Una vez más, volvemos a la historia y al Dr. Norman Vincent Peale y toda la idea del pensamiento positivo. Esto es algo con lo que crecí. El primer libro que leí sobre desarrollo personal fue *El Poder del Pensamiento Positivo*. Los conceptos de ese libro son todos conceptos de éxito, y adopté muchos de ellos en mi vida y pensamiento diarios.

Ponerse en la mentalidad adecuada incluye rodearse de las personas adecuadas, ver los programas adecuados, escuchar los podcasts adecuados y leer los libros, artículos e incluso blogs adecuados.

Siempre me pregunto: "¿Cómo puedo hacer más y cómo puedo aprender más?" —No solo para mi negocio, sino para mi vida. Otra gran cita es: "Cómo piensas lo es todo". Al final del día, eso lo dice todo. Si eres negativo y no crees que nada de lo que hagas funcionará, bueno, probablemente tengas razón. Por otro lado, si piensas:

"No tengo esto resuelto en este momento, pero lo resolveré", eventualmente lo resolverás. Ya sea que creas que puedes o creas que no puedes, tienes razón.

Reflexiones de Foster...

Las personas exitosas definitivamente piensan de manera diferente. Mientras hablamos de mentalidad, podemos decir con seguridad que las personas exitosas tienden a pensar en grande. Para recordarme eso, la placa de mi automóvil dice: "Sueña en grande". ¿Qué significa eso? Para ayudar a desglosarlo, digamos que trabajas para una empresa como personal de limpieza. En mi opinión, aunque en ese momento solo estás ahí como la persona que limpia, puedes pensar como el director ejecutivo, independientemente de tu título o puesto. Si te ves a ti mismo como "solo un limpiador", entonces siempre pensarás que eres solo un limpiador. Es una actitud.

Miro todo lo que he hecho hasta este momento, y si hay algo que he hecho bien, ha sido mantener siempre la actitud correcta. Creo que así es como está conectado mi cerebro, y estoy agradecido, porque cuando miro de dónde vengo y dónde estoy hoy, me doy cuenta de que esta es una herramienta poderosa.

Si una persona puede realmente pensar como un CEO, independientemente del título que tenga, puede convertirse en CEO, porque no hay una sola persona que sea CEO hoy que no haya comenzado en algún lugar. Nuevamente, es una actitud. Es una forma de pensar sin límites. Se trata de tener una visión.

Incluso cuando una persona exitosa tiene limitaciones, no las ve como algo que influya en el resultado de sus esfuerzos. Las personas que logran el éxito no se imponen limitaciones. De hecho, todos conocemos o hemos oído hablar de alguien que ha superado las dificultades, ya sean desafíos físicos o circunstanciales. Su impulso proviene de la capacidad de mirar más allá de cualquier desafío al que se enfrenten y concentrarse en el resultado deseado. Y puedes entrenarte para pensar de esta manera. Comienza como un hábito, en el que se recuerde constante y conscientemente que debes enfocar tus pensamientos y acciones hacia tu objetivo. Eventualmente, este hábito se convierte en una actitud, también conocida como mentalidad.

Las personas exitosas tienden a tener visiones claras o metas claras de adónde quieren ir, quiénes quieren ser y qué quieren lograr. Creo que esta es la clave. Una buena analogía para demostrar esto es un automóvil. Alguien puede tener el mejor auto del mercado, pero si el conductor no sabe adónde va, es simplemente un lindo auto. Una de las razones por las que tantas personas viven en lo que yo llamo países desarrollados y aún se encuentran estancadas es que no tienen una dirección clara. Puede que seas bendecido, pero si no tienes idea de cómo apreciar esas bendiciones, no te ayudará a avanzar más.

La pasión es otro elemento importante en la capacidad de una persona para lograr el éxito. Las personas exitosas tienden a sentir pasión por todo lo que hacen. Esta pasión se convierte en combustible para todo y los impulsa. Si no tienes nada que te atraviese por las venas, tarde o temprano, simplemente te rindes. Y luego están todas las infames excusas que damos. La gente exitosa no pone excusas. Algunas personas ni siquiera permiten que la edad se interponga en su camino para lograr sus objetivos.

Hacer sacrificios es algo que la mayoría de la gente no está dispuesta a hacer. La verdad es que, si quieres ser el mejor atleta o el mejor culturista, tendrás que hacer algunos sacrificios serios. Hay

Principio 10: Entrénate para Pensar como Piensan las Personas Exitosas

cosas a las que tendrás que renunciar y habrá ocasiones en las que tendrás que renunciar a hacer las cosas que disfrutas. Realmente se necesita voluntad para hacer sacrificios para lograr tus objetivos. A largo plazo, estos sacrificios son pequeños en comparación con los resultados.

Desafortunadamente, muchas personas miran a alguien que ha logrado el éxito y lo primero que piensan es que tuvieron suerte. Eso simplemente no es cierto. Es la devoción que nadie ve lo que a menudo se malinterpreta como suerte. Esto va de la mano con el trabajo duro. No importa quién seas—desde Tiger Woods hasta Michael Jordan o Michael Jackson—cualquier nombre que represente el éxito es exitoso porque la persona trabajó duro. Puede que no trabajen de nueve a cinco, pero sí trabajan duro en sus habilidades. Incluso se desarrolla lo que muchos de nosotros interpretamos como "talento". Si bien podemos nacer con inclinaciones específicas (amor por los deportes o la música, por ejemplo), si no trabajas para desarrollarlas, permanecerán latentes dentro de ti.

Otro punto importante es que las personas exitosas creen en sí mismas. Tienen la implacable creencia de que, si alguien lo ha logrado, ellos también pueden hacerlo. No miran los obstáculos; miran los resultados o el logro en sí. Tienen fe. Incluso cuando se sienten estancados, tienen fe en que lo superarán. Tienen una fe inquebrantable, una fe inquebrantable y una esperanza. Debido a que son humanos, cometerán errores en el camino, pero como se mencionó anteriormente, los errores son los que nos acercan a los avances.

Esto me lleva al carácter. Las personas exitosas tienen carácter. Y ese carácter a menudo incluye integridad. Puedes tener éxito en algo, pero si no tienes integridad, el éxito no durará.

La consistencia es algo que John mencionó, y me gustaría mencionarlo también. Las personas exitosas no tienen el mal hábito que tienen muchas personas, que es decirse a sí mismas: "Oh, lo haré cuando me apetezca". Si deciden hacer algo, se apegan a ello, lo quieran o no.

CAPÍTULO 11

Principio 11: Construye un Futuro Mejor–Comenzando hoy

Construir un futuro mejor es un tema universal que refleja todas las áreas de nuestras vidas, desde nuestra salud hasta nuestras finanzas. La buena noticia es que, ya sea que tengamos 20 o 50 años, nunca es demasiado tarde para empezar a pensar en formas de construir una vida mejor—una vida mejor para hoy y mañana, porque el futuro está tan lejos como lo planees y tan cerca como el próximo amanecer. Todo lo que necesitas hacer es tomar una decisión y tomar las acciones correctas, con compromiso y consistencia. Como leerás en las páginas siguientes, la construcción de un futuro mejor comienza hoy. Comienza ahora mismo en este mismo momento e incluye reemplazar los viejos hábitos que obstaculizan por otros nuevos.

Una de las mejores cosas de la forma en que hemos planeado este libro con pensamientos compartidos de dos personas en viajes separados pero conjuntos hacia el éxito es que tú, el lector, puedes beneficiarte de múltiples puntos de vista. En los casos de John y Foster, John se centra más en los aspectos financieros de la construcción de un futuro mejor. Foster reflexiona más sobre la importancia de invertir en ti mismo. Confiamos en que encontrarás valor en ambos.

Reflexiones de John ...

Como se mencionó en la introducción de este capítulo, nunca es demasiado tarde para comenzar. Dicho esto, desde un punto de vista financiero, cuanto antes empieces a ahorrar dinero en la vida, mejor estarás, porque acabarás acumulando más. Esto es cierto si estás contribuyendo al fondo de educación de tus hijos o planeando tu propia jubilación. A mi modo de ver, hay cuatro necesidades básicas del dinero:

1. La educación de tus hijos
2. Tu jubilación personal
3. Tu propia atención médica a largo plazo
4. La atención médica a largo plazo de un ser querido

Los dos últimos de esta lista, tu propia atención médica a largo plazo y la atención médica a largo plazo de un ser querido, son especialmente importantes, ya que muchas personas hoy en día viven hasta bien entrados los 90 años. Independientemente de tu estilo de vida, debes considerar que se necesita dinero para vivir y que el dinero que necesitas, incluso solo para las necesidades básicas, tiene que venir de alguna parte. Dicho esto, digamos que estás leyendo esto, tienes 50 años y no tienes ahorros. La verdad del asunto es que, si bien de 50 a 70 puede parecer mucho tiempo, los años pasan volando y ya no estás en tus mejores años de trabajo.

¿Significa esto que es demasiado tarde para empezar? La respuesta a eso es un NO definitivo. Pero sí significa que necesitas un enfoque práctico y realista para ahorrar dinero. Necesitas ser muy disciplinado con tu dinero. Esto puede molestar a algunas personas, pero no estoy aquí para evitar herir los sentimientos de las personas.

Estoy aquí para compartir la información que necesitas para construir un mejor futuro financiero. A decir verdad, simplemente no puedes ahorrar dinero gastando $8 cada día en café de una cafetería cuando puedes hacerlo en casa por una fracción del precio.

Pasar por el autoservicio de camino a la oficina por la mañana puede no parecer un gran problema cuando lo estás haciendo hoy, pero al final de la semana ese café de $8 se convierte en $45. Al final del mes, gastaste cerca de $200 en *café*.

Si tomas ese mismo dinero y lo pones en una cuenta de ahorros (y hay muchas para elegir), con el tiempo puedes acumular más dinero con dividendos e intereses, dependiendo de dónde lo coloques. Al final del año, te quedan varios miles de dólares que puedes ahorrar sin REALMENTE haberlo intentado. Todo lo que hiciste fue preparar tu café en casa en lugar de comprarlo en una cafetería. Agrega esa pequeña decisión a lo largo de diez años y esos $8 por día se han convertido en decenas de miles de dólares en tu cuenta bancaria. Eso es un buen colchón.

Solo estoy usando el café como ejemplo aquí, pero en general, no nos damos cuenta de la cantidad de dinero que tiramos de forma regular. Otro ejemplo de cómo desperdiciar dinero y afectar nuestra salud de manera negativa es comprar y fumar cigarrillos. Una vez más, no estoy aquí para caminar suavemente de puntitas. Si me conoces en persona, sabes que me gusta llamar a las cosas por su nombre. Especialmente cuando se trata de llegar a un punto. Y el solo hecho de que estés leyendo este libro me dice que lo aprecias.

El punto con los cigarrillos y los hábitos es que, ya sea que sea algo malo para ti o no, si puedes vivir sin ellos, debe tomar la decisión de hacer precisamente eso—vivir sin ellos. Guardar dinero es una disciplina, y puede que no parezca mucho cuando algo cuesta $10 o $20, pero se suma muy, muy rápidamente. Eso no quiere decir que tengas que privarte. Comprar una taza de café de vez en cuando es genial. Darse un gusto y ser amable contigo mismo es realmente un regalo y, desde algunas perspectivas, incluso puede verse como un privilegio. Pero debes darte cuenta de la pérdida que se está causando cuando los hábitos se convierten en golosinas diarias debido al factor del interés compuesto.

Un buen ejercicio es hacer una lista de todas las cosas en las que gastas dinero regularmente. Luego, revisa todos y cada uno de los elementos de esa lista y responde la pregunta: *"¿Puedo vivir sin esto?"* Si la respuesta es sí, puedes pasar de una compra diaria a un "gusto" semanal o mensual.

Otro gran y común ejemplo de desperdicio cae dentro de la categoría del tiempo. ¿Como usas tu tiempo? Ver televisión es un gran ejemplo de cuántas personas gastan—y desperdician—muchas horas de su tiempo. Una vez más, esto no es algo que debas eliminar por completo, pero si descubres que pasas todas las noches viendo Netflix mientras te preguntas por qué no has escrito ese libro o aprendido a tocar un instrumento, o cualquier meta que tengas para ti mismo, la respuesta está en cómo está usando tu tiempo.

Enumerar las diferentes formas en las que pasas tu tiempo habitualmente, desde ver televisión hasta jugar videojuegos, y hacer la misma pregunta *("¿Puedo vivir sin esto?")* te ayudará a determinar qué puedes reducir para poder usar ese tiempo en actividades que te ayudarán a ganar impulso con los logros que son importantes para ti.

Créeme cuando digo que todos somos culpables de esto. Usando un ejemplo de mi propia vida, mi gimnasio me cuesta $80 al mes. Uso las pesas libres una vez a la semana y el resto del tiempo que estoy allí, uso la caminadora. Mientras tanto, tengo una caminadora. En este momento, está en mi garaje y se está utilizando como lugar para guardar cajas. Entonces, de manera realista, estoy pagando $80 al mes para usar una caminadora que tengo en mi garaje.

La compra de productos comparando precios es otro factor a considerar en nuestros roles como consumidores. Desde automóviles hasta hogares e incluso los pequeños elementos que parecen insignificantes pero que se agravan con el tiempo son muy importantes. Como sociedad, no nos damos cuenta de las pequeñas cosas que podemos eliminar, reducir o comprar a un precio más bajo. No hace falta decir que algunas de nuestras indulgencias, incluida la comida rápida o el alcohol, no son buenas para nuestra salud. Limitarnos mejorará nuestra sensación general de bienestar y nos dará más energía para hacer las cosas que son realmente importantes. El beneficio adicional es que crear nuevos hábitos y abordarlos con un sentido de conciencia también será mejor para nuestras cuentas bancarias.

¿Es muy tarde para empezar?

A Einstein se le preguntó: "¿Cuál fue tu mayor invención? ¿Fue la teoría de la relatividad?" "Su respuesta citada fue: "No. Fue cuando descubrí el interés compuesto". Incluso Einstein, a quien todavía se considera un gran genio, no se dio cuenta en un momento de su vida de que el costo del dinero tiene un valor real. Incluso si solo tomas $100 cada mes y los colocas en algún lugar para tu futuro, esos $100 valdrán más con el tiempo gracias al interés compuesto.

Un ejemplo de cómo funciona el interés compuesto

Al ahorrar, existe un principio llamado "la regla del 72". Básicamente, esta regla te permite determinar cuánto tiempo tardará en duplicarse una inversión dada una tasa de interés anual fija. Para demostrarlo, usaremos el ejemplo de salir a comer en restaurantes. Supongamos que has tomado la decisión de salir a comer solo dos veces al mes en lugar de cada semana, lo que te brinda la oportunidad de ahorrar $100 cada mes. Como notarás, no estás cortando algo que disfrutas (salir a cenar). Simplemente estás reduciendo la cantidad de veces que lo haces. Si comienzas a los 25, lo que acumularás cuando llegues a los 55 es increíble.

$100 por mes × 12 meses = $1,200 por año + los intereses.

$1,200 por año × 10 años = $12,000 + los intereses.

Para cuando cumplas 55 años, esos $100 al mes se han convertido en $36,000 + el interés o los posibles dividendos.

Continúa haciéndolo por más tiempo, y tal vez empieces a pensar en pasar menos tiempo trabajando y más tiempo simplemente haciendo las cosas que disfrutas, y habrás acumulado una gran cantidad de ahorros sin siquiera haberlo pensado realmente. Y lo que es más importante, sin ni siquiera haber perdido los $100 al mes.

Un beneficio de hacer crecer un negocio de mercadeo en red a tiempo parcial es que realmente tendrás la oportunidad de ganar y ahorrar más dinero, mientras inviertes en ti mismo, como aprenderemos de Foster.

Reflexiones de Foster ...

Mi definición de construir un futuro mejor siempre comienza invirtiendo en uno mismo. Es lo que se necesita para que todo avance. Dicho esto, también necesitas una razón sólida para planificar tu futuro. Sin una gran y poderosa razón, es difícil motivarse. Invertir en ti mismo significa que debes darte cuenta de que hay cosas que tendrás que aprender, lo que me lleva a mis puntos:

1. Invierte en ti mismo.
2. Es imperativo tener suficientes razones para mirar hacia el futuro.
3. Invertir en las personas, porque ya sea una empresa o una organización de algún tipo, se necesita más de una voz para hacer las cosas. Se trata de trabajo en equipo y colaboración.
4. Haz una contribución.

A principios de esta semana, tuve una conferencia telefónica y, aunque alguien más estaba dirigiendo la llamada, de vez en cuando me sentí obligado a aportar algunas ideas. Al mismo tiempo, estaba escuchando las ideas de las otras personas en la llamada. Tal como la gran empresa que representamos, no existe un factor en lo que hacemos que pueda llamarse un espectáculo de una sola persona. Hay personas con grandes ideas de todos los ámbitos de la vida y en todas las etapas de su desarrollo. Las ideas colectivas de otras personas ayudan a construir un futuro mejor. A veces comienzas con lo que crees que es una gran idea y, al escuchar a los demás, pronto te das cuenta de que tu idea se ha transformado en una mejor idea simplemente por el hecho de escuchar la perspectiva de otra persona.

Establecer metas es algo que creo que ayuda a construir un futuro mejor, porque entonces tienes algo para medir el progreso. De lo contrario, es solo una pérdida de tiempo. Pueden pasar días, semanas, meses, incluso años sin poder medir si se estás avanzando o no.

Ya sea que las metas sean pequeñas o grandes, son importantes. Mira los hábitos como ejemplo. Un hábito simple es no tirar basura a la calle. Si todos tuvieran el hábito de tirar la basura donde corresponde, en el basurero, esto contribuiría en gran medida a ayudarnos a tener un medio ambiente mejor y más limpio. Las leyes sobre tirar basura que tenemos hoy, a diferencia de algunos países, son el resultado de que alguien pensó en hábitos como tirar basura a la calle hace años. Los hábitos juegan un papel clave en la construcción de un futuro mejor. Y, por supuesto, me refiero a los buenos hábitos aquí.

Hacer una contribución también juega un papel clave en el avance de todas las cosas que valen la pena. Aquí es donde entramos nosotros como individuos, porque la contribución de todos es importante—desde la simple persona que se asegura de poner su basura en el bote hasta los recolectores de basura que se aseguran de que no haya montones de basura en nuestras calles.

Nuevamente, podemos mencionar a personas como Henry Ford, Steve Jobs y Bill Gates. Todas estas son grandes mentes. Pero el trabajador de la línea de montaje que puede no tener un gran invento para exhibir contribuye igualmente al producto terminado mediante las acciones de trabajo diarias necesarias para completar el proyecto.

CAPÍTULO 12

Principio 12: Lidera con integridad

La integridad es una palabra poderosa. Define no solo cómo un individuo elige vivir su vida, sino también quiénes son como persona. La integridad habla de hacer lo correcto y tomar la acción correcta, sin importar quién esté mirando—y especialmente cuando *nadie* está mirando. Sin embargo, más que eso, la integridad evoca sentimientos de bondad, de "vibraciones cálidas". Capacidad para confiar en ti mismo.

Los verdaderos líderes—ya sean empresarios, políticos o padres—dirigen con integridad. No solo dan el ejemplo a los demás, sino que su sentido de integridad establece la dirección y el estándar para sus propias vidas. En muchos sentidos, la integridad puede ser una guía, sin importar las circunstancias o la situación. En un nivel fundamental, tu sentido de integridad siempre guiará tus acciones. Un ejemplo simple para demostrarlo es cuando un empleado te devuelve el cambio y tú te das cuenta de que calculó mal y te dio más de lo que debería. ¿Les avisas de esto o no dices nada y sales de la tienda? En el momento, puedes considerar ambos antes de tomar una decisión. *"¿Debo quedarme con el dinero? ¿Debo decir algo?"*

Debería es una palabra interesante. Te apoya en la cerca durante unos segundos mientras consideras hacia qué lado inclinarte. Esos pocos momentos de *debería* están llenos de la vocecita dentro de nuestro cerebro. Se balancea entre las excusas y las justificaciones ("No es SU dinero. Este artículo tiene un precio excesivo de todos modos") y un sentido de responsabilidad ("Su caja registradora no se equilibra al final del día. ¿Y si tiene que recuperarlo de su propio bolsillo?")

Todos sabemos qué es lo "correcto", independientemente de que las consecuencias sean grandes o pequeñas. Cuando lideras con integridad, vives sabiendo que siempre harás lo correcto. Esto proporciona una tranquilidad que se asienta profundamente en nuestro corazón. La voz en nuestro cerebro mencionada anteriormente vive con un miedo constante al juicio. Vivir con integridad también proporciona un sentido de confianza, porque cuando sabes que estás haciendo lo correcto por los demás y por ti mismo, lo que otras personas piensan no es de tu incumbencia.

Reflexiones de John ...

Una de las primeras personas en esta industria que me impresionó fue Mark Hughes, el fundador de Herbalife International. Como alguien que se preocupaba de verdad por la gente, Mark tenía una filosofía. Siempre que te reunías con él sobre algo relacionado con su negocio, él siempre quería que te fueras sintiéndote bien contigo mismo, sintiéndote bien con él y sintiéndote bien con la compañía. Para mí, este es un gran ejemplo de alguien que lidera con integridad. En pocas palabras, le importaba.

Similar a eso, mi línea ascendente durante mis días de Herbalife y alguien que es un muy buen amigo mío hasta el día de hoy tuvo un problema financiero en el que un consultor creía que le debían dinero. Resultó que el consultor había cometido un error de verdad y, a pesar de eso, la empresa siguió adelante y le pagó de todos modos cuando el preguntó por qué no se le había pagado—a pesar de que fue su error.

Principio 12: Lidera con integridad

Ambos ejemplos demuestran situaciones en las que era más importante preocuparse por las personas que preocuparse por obtener beneficios. Y esto es muy útil. Creo firmemente que cuando te preocupas por la gente, las ganancias eventualmente vendrán. Esta es la filosofía que he seguido a lo largo de toda mi carrera. Es muy raro que rechace la oportunidad de ayudar a alguien compartiendo mi conocimiento y experiencia en esta industria. Incluso si es alguien de otra empresa en la que no obtengo ingresos. Ya sea para responder preguntas o participar en una conferencia telefónica para ofrecer consejos sobre los desafíos que alguien pueda enfrentar, siempre he sentido que es importante ayudar a las personas por encima de todo. Y cuando hagas eso, el beneficio, ya sea monetario o la oportunidad de aprender algo nuevo, te encontrará. Lo considero un tipo de karma.

En la década de los 90, se escribió un artículo sobre mí en la Revista *Lifestyles*, y al entrevistador se le ocurrió una leyenda que nunca olvidé: "Solleder ama a las personas más que al dinero". Durante nuestra charla y al responder a sus preguntas, el escritor se había dado cuenta de que esa era la razón por la que tenía tanto éxito. Y tenía razón. Creo que eso es a lo que realmente se reduce. Realmente me encanta ver a la gente triunfar. Me encanta ver a la gente hacer algo valioso con su vida. Así es como defino liderar con integridad: cuidar sinceramente a los demás y querer ayudarlos.

He entrenado a personas que han ganado más dinero en la industria que yo. Y te dirán que los entrené y ayudé y que todavía los ayudo hasta el día de hoy. Creo que eso es lo realmente importante. Cuando lideras con integridad, todo encaja. Dando un paso más allá, este es también el tipo de personas que atraes para terminar construyendo un equipo de personas de ideas afines con valores compartidos.

Un buen evaluador para eso es la pregunta: "Si este negocio no existiera, ¿aún querría conocerte?" Responder afirmativamente a esa pregunta dice tanto de ti como de las personas de las que te rodeas. Me siento afortunado de que la gente de mi negocio sea genuina; no solo tienen signos de dólar en los ojos. He construido intencionalmente mi negocio sobre una base sólida al liderar con integridad. Como resultado, mi equipo se preocupa por otras personas. Se preocupan por los productos. Y se preocupan por la empresa que representan. Todo esto combinado es tan importante para la marca como para nuestros respectivos negocios.

Cuando me das el dinero que tanto te costó ganar para comprar mi producto, me importa que obtengas resultados. Si vas a confiar en mí y unirte a mi equipo, nuevamente, los resultados tangibles son importantes. Para mí, eso es vender desde un lugar de integridad. Así es como he construido mi negocio. Así es como animo a mis consultores a hacer crecer su negocio. Y como dicen, a las pruebas me remito. Me niego a explotar el deseo de salud o éxito de la gente o lo que sea que prometa uno de mis productos u oportunidades comerciales. Cuando haces algo en lo que crees, todo encaja. Cuidar a los demás y ayudarlos a alcanzar sus metas. De eso se trata este negocio.

Reflexiones de Foster ...

La integridad va más allá de la ética moral porque afecta todos los aspectos de nuestras vidas. Recientemente, estaba reflexionando sobre algunas de las cosas que ya sabemos que están asociadas con la integridad: honestidad, ser digno de confianza. Creo que la integridad va más allá de eso. También implica el carácter y la voluntad de trabajar en las áreas en las que una persona puede necesitar crecer o ser más consciente. Aquí es donde la integridad permite que una persona evolucione continuamente como ser humano. Creo que aquí es donde comienza un verdadero sentido de integridad. Si crees que eres "perfecto" o que lo sabes todo, entonces no estás trabajando desde un lugar de valor o un lugar en el que realmente trates de que las cosas funcionen para todos los involucrados. La integridad es la base de todas las relaciones.

Desde un punto de vista empresarial, miro las decisiones que tomo a diario y cómo afectan a las personas en mi vida. Siempre ha sido muy importante ser sensible en determinadas áreas. En particular, me esfuerzo por reservarme el juicio. Sé que como persona tengo mis propios defectos individuales y, con integridad, realmente trabajo en aquellas áreas en las que tengo que ser muy, muy sensible para no juzgar a los demás. Aprender y ser consciente es un área donde la integridad viene con humildad, porque todos podemos aprender de otras personas. Un niño puede incluso ser un maestro al observar su inocencia y la forma en que hacen preguntas abiertamente. Los verdaderos líderes entienden y aceptan que no tienen todas las respuestas.

El valor también juega un papel en la integridad de una persona, ya que aprendemos a no avergonzarnos de decir: "No sé". No hay nada de malo en no conocer y aceptar esta realidad que te da la oportunidad de aprender y descubrir.

Otro aspecto de la integridad es el perdón. Esta es un área que creo que mucha gente no comprende realmente. El perdón juega un papel muy importante en la capacidad de una persona para tener éxito, sea lo que sea el éxito que signifique para ellos personalmente. Las personas a veces dicen algo incorrecto y sin querer ofenden a alguien porque sus palabras no fueron bien elegidas o fueron percibidas de cierta manera.

Por ejemplo, esta semana me vi en una situación en la que tuve que responder preguntas para una persona que está evaluando nuestra empresa. Durante nuestra conversación, esta persona dijo: "Nunca he oído hablar de ti"—La forma en que lo dijo—o la forma en que yo entendí lo que dijo, fue que, como nunca habían oído hablar de mí, estaban socavando tanto nuestra empresa como mis logros. En algún momento sentí que necesitaba estimular mi propio ego y le sugerí que le presentaría a alguien de nuestra empresa que me conocía muy bien. Sabía que esta persona hablaría muy bien de mí.

Lo que realmente sucedió fue que la persona que evaluó nuestra empresa descubrió que yo había alcanzado el estatus de Diamante Ejecutivo mucho más rápido que otras personas que se unieron al negocio años antes que yo. Debido a mi necesidad de impulsar mi propio ego en ese momento, lo que terminó sucediendo es que, indirectamente y sin querer, menosprecié a otra persona. Por supuesto, eso no es lo que quería hacer, pero fue una buena lección para mí. Una oportunidad para aprender algo sobre mí y crecer a partir de eso. En este caso, necesitaba perdonarme a mí mismo. Además, necesitaba buscar el perdón de la persona cuyos esfuerzos había socavado involuntariamente.

Para darte el contexto de esta situación, la persona que estaba evaluando nuestra empresa estaba haciendo preguntas específicas para ayudarse a decidir si debía unirse a mi equipo o a un equipo diferente. Comprensiblemente, necesitaba saber si yo tenía lo necesario para patrocinarlo. Su pregunta específica desencadenó algo en mí—mi ego—que me hizo sentir que necesitaba alardear, y eso no era lo que quería hacer. Mientras tanto, me decía a mí mismo: "Oh, Dios mío. Espero que esto no suene como si estuviera menospreciando a otra persona".

Principio 12: Lidera con integridad

Si esto se hiciera al revés, tendría que estar en condiciones de perdonar. Entonces, el perdón es muy, muy importante. Esto para mí es parte de la integridad. Conocer tu valor es importante, pero en mayor medida también debes conocer tus límites. Cuando lideras con integridad, sabes cuándo detenerte y no cruzas la línea. La humildad es clave. Las personas íntegras comprenden la humildad. Siempre digo que es mucho más impactante cuando la gente conoce tus cualidades o logros sin que tengas que decírselo. Cuando no tienes humildad, te conviertes en un impostor para ti mismo y un servidor de nadie. Preferiría ser un gran servidor que está desempeñando un papel de liderazgo y que alguien descubra que, guau, esta persona en realidad puede inclinarse para ayudar a alguien.

La capacidad de disculparse también requiere integridad. Lo que sucede a menudo es que las personas tienden a aferrarse a sentimientos de resentimiento, y esto es injusto tanto para ellos mismos como para la otra persona—todo porque alguien se negó o pasó por alto el pedir disculpas.

Como seres humanos, todos tenemos nuestras deficiencias. Nadie es perfecto. Con integridad, el objetivo es estar completo. Incluso cuando fallas, la pregunta siempre debe ser: "¿Qué hago cuando fallo?" En otras palabras, "Cuando falla la integridad, ¿qué hago?" Las respuestas se encuentran en la capacidad de continuar, de vivir con esperanza y de perdonarse a sí mismo ya la otra persona. Las palabras hacen que suene fácil porque son simples, pero no es fácil. Tenemos que aprender a dejar de lado nuestro orgullo.

Se trata de comprobar lo que yo llamo nuestros puntos ciegos con la voluntad de trabajar en las áreas en las que nos sentimos débiles o vulnerables. Todos tenemos alguna variación de disfunciones; existen en todos nosotros. Aceptar la responsabilidad por nuestros errores y nuestras debilidades requiere integridad.

Lo más importante es que las personas íntegras son amables. Se preocupan por los demás. Aunque se considera una característica, esta es en realidad una herramienta importante, porque cuando realmente te preocupas por otras personas, todo, desde la humildad hasta el perdón, es fácil.

CAPÍTULO 13

Principio 13: El éxito no ocurre simplemente. El éxito ocurre justo

Antes de profundizar en este principio, te pedimos que vuelvas a leer el título de este capítulo y dejes que el significado de las palabras penetre.

Este capítulo se trata de hacer las cosas correctas—tomar las acciones correctas—porque realmente, el éxito no es un resultado aleatorio. No puede simplemente "desear" el éxito. Este es el resultado de acciones, mentalidad y compromiso. Incluso las llamadas historias de éxito de la noche a la mañana se crean entre bastidores. De repente, una estrella de rock parece estar en todas partes. Mientras esperas en la fila del supermercado, te das cuenta de que hay una actriz en la portada de todas las revistas. Un autor con un nuevo libro más vendido está siendo entrevistado por todos los programas y podcasts más importantes.

La verdad detrás de cada uno de estos escenarios es que el músico, la actriz y el autor trabajaron muy duro y durante mucho tiempo para estar en el centro de atención que es su realidad actual. Practicaron su sueño hasta que se convirtió en un talento. Cuando los objetos brillantes de sus distracciones intentaron arrullarlos hacia un camino más fácil, se recordaron por qué su visión era tan importante para ellos. En los días en que se sentían abrumados y que solo daban vueltas en círculos, se iban a la cama cansados y se despertaban a la mañana siguiente, renovados y listos para continuar con aún más determinación.

Reflexiones de John ...

Digo esto a menudo y nunca tengo miedo de sonar como un disco rayado porque es muy importante: la primera regla de nuestro negocio es preocuparse siempre más por tu equipo de consultores que por ti mismo.

Asegúrate de que tu gente gane dinero y, si tienes un contacto mutuo que esté interesado en unirse a tu empresa, asegúrate de que esa persona esté debajo de la persona que está debajo de ti. La codicia no tiene cabida en este negocio y siempre quieres hacer lo correcto.

Enfrentemos la realidad. A veces tienes que hacer todo lo posible para hacer lo correcto. A veces tienes que hacer sacrificios para hacer lo correcto. A veces te costará dinero hacer lo correcto. Y cuando hacer lo correcto es de corazón, nada de eso importará. Las consecuencias caerán a tu favor. Cuando haces lo correcto, no solo te compras buena voluntad, sino que también te compras credibilidad. Demuestra tu integridad, y la forma en que tratas a las personas ayuda mucho a revelar qué tipo de persona eres.

Tratar a las personas con respeto y dar mi tiempo siempre ha sido importante para mí. Y puramente por la naturaleza de este modelo de negocio, cuando te preocupas por tu equipo y te aseguras de que tu gente esté ganando dinero, tú ganarás dinero. Esta es la única industria que conozco que recompensa a las personas por ser verdaderamente desinteresadas. Cuando tus prioridades se centran en los demás, todo encaja también para ti. Todo se remonta a la

Principio 13: El éxito no ocurre simplemente. El éxito ocurre justo

regla de oro que todos aprendimos de niños: *Haz por los demás lo que te gustaría que hicieran por ti.*

Hay muchas reglas universales que se aplican cuando estás en el negocio de las personas. Haz lo correcto y siempre volverá a ti. Puede que no vuelva a ti hoy; Puede que vuelva a ti hasta dentro de cinco o diez años, pero volverá a ti. Como dicen, sirve a los demás y eventualmente te servirás a ti mismo.

El éxito no ocurre simplemente, el éxito ocurre justo. Lo que eso significa es que siempre estamos orando por el éxito, pero las cosas no siempre salen como queremos. Una vez más, el éxito eventualmente te seguirá cuando hagas las cosas correctas. La palabra "justo" en este contexto significa "justicia". La justicia siempre se sirve al hacer lo correcto para otras personas, para tus clientes, para tus consultores y para tu empresa. Cuando haces lo correcto, siempre volverá para servirte de manera justa.

Un gran ejemplo de cómo hacer lo correcto para tu gente es dar tu tiempo. Cuando tratas con personas en un mercado específico, quizás en una zona horaria diferente, a veces tienes que programar una conferencia telefónica en un momento que no te conviene. Al estar disponible para cuidar a las personas que lo necesitan "ahora mismo", les estás sirviendo. También estás sirviendo a quienes quieran que conozcas. Al estar disponible, eventualmente regresará a ti de una manera justa.

Otro ejemplo es que a veces nos cuesta dinero. ¿Realmente quiero hacer este viaje para reunirme con un nuevo consultor cuando no sé qué tan seria es esta persona? La clave de nuestro negocio es que detrás de cada puerta, nunca sabemos con quién nos vamos a encontrar. A veces es por accidente. Es posible que estés viajando para una reunión y te detengas para poner gasolina en tu automóvil, o puede que te sientes al lado de alguien en un avión y termine siendo que esa persona es un gran prospecto. Quizás estén buscando una forma de obtener ingresos adicionales. Quizás estén interesados en tus productos. Y aquí nunca los hubieras conocido si no estuvieras haciendo este viaje. Así es como las cosas se igualan de manera justa.

Un tercer ejemplo es, en mi caso, que siempre estoy revisando el volumen al final del mes para asegurarme de que las personas califiquen para su rango. He hecho esto desde que comencé en este negocio hace años para asegurarme de que nadie deje dinero sobre la mesa que podría ganar y que tal vez no sepa. Hace años, estaba en la alta dirección de una empresa y creé un sistema de pago bimestral en el que hablaba por teléfono y les avisaba a las personas cuánto volumen de ventas necesitaban para ganar el siguiente nivel y porcentaje de dinero. (Esto fue antes de las computadoras).

La gente quiere ganar dinero. Por eso están en el negocio. Y a veces tú, como persona con más experiencia, necesitas encargarte de eso, señalándolo simplemente porque no son conscientes. Como alguien que dirige con integridad, esta es en realidad tu responsabilidad. Y nuevamente, los beneficios fluyen hacia ti. Todo porque te tomaste el tiempo para preocuparte por alguien más.

Reflexiones de Foster ...

El éxito no se produce por casualidad, por lo que es importante comprender que lograr el éxito requiere tiempo. Si fuera fácil, todos tendrían éxito. Pero debido a que lleva tiempo, debes ser consciente de dónde concentras tu energía. Esto se debe a que en lo que sea que te enfoques es donde va tu energía. Por lo tanto, debes

Principio 13: El éxito no ocurre simplemente. El éxito ocurre justo

asegurarte de trabajar en las cosas que realmente te ayudan a mantenerte constante y generar impulso.

Sinceramente, creo que hacer ciertas cosas y mantener la concentración marca la diferencia. Lo primero es que debes tener fe. La vida te desviará del rumbo a veces, y se necesitará fe para mantenerte encaminado y enfocado en tus metas.

En la misma línea, debes tener coraje—el valor de creer en ti mismo. Cuando decimos "cree en ti mismo", no queremos decir que no puedas creer en nadie más. Estamos hablando de luchar contra el "enemigo interior", que eres TÚ. Si dudas de ti mismo, no importa cuánto valor tengas o qué aliento te dé la gente, porque eventualmente te rendirás. Por lo tanto, es imperativo que creas en ti mismo y en las razones por las que te esfuerzas por lograr cualquier objetivo que te hayas propuesto.

Tu deseas adquirir el hábito de no darte por vencido nunca, pase lo que pase. Creo que la verdadera definición de fracaso es cuando te rindes. Una cosa es ser despedido de un trabajo, pero si estás dirigiendo tu propio programa (que es parte de lo que trata este libro, tomar el control de tu vida), debes convertirte en el tipo de persona que se hace cargo.

Hacerte cargo de tu vida también significa que debes ser consciente de las personas de las que te rodeas. No puedes rodearte de personas negativas. También tienes que aceptar el hecho de que simplemente no puedes complacer a todo el mundo. Al final del día, eres tu propia fuerza.

Todos tenemos esa fuerza dentro de nosotros, pero cuando comienzas a enfocarte en toda la energía negativa que viene hacia ti, te despojará de tu propia fuerza y te debilitará. Todos tenemos esta lucha en nosotros. Es una pelea positiva. Es una pelea en la que no quieres caer fácilmente. Nunca debes simplemente tirar la toalla.

Tienes que darlo todo, y yo llamo a esto "la batalla hasta el final". Tienes que hacer todo lo que puedas para que esto suceda.

Todos tenemos días en los que es difícil poner una sonrisa, pero algunos días es lo que debes ponerte para ganar la pelea. No quieres reprimir nada, pero al mismo tiempo, si te enfocas en lo negativo, atraerás a las personas equivocadas.

Parte de mantenerse enfocado para poner en marcha esa energía es asegurarte de que estás haciendo lo correcto. Esto incluye tener integridad. La integridad no es para nadie más. Es para ti, porque de nuevo, si no eres fiel a ti mismo, lo encontrarás muy, muy difícil y sentirás como si la vida se volviera contra ti. Y cuando la vida te presente algunos de esos desafíos diarios, será necesaria integridad para hacer lo correcto.

Todos tenemos muchas razones por las que hacemos lo que hacemos. Aquí es donde necesitas tu POR QUÉ personal para ayudarte a hacer lo correcto. No se trata de tus responsabilidades como padre de familia, por ejemplo, o como individuo que contribuye a la sociedad. Seguro que todos estamos aquí para contribuir, para marcar la diferencia. Y se necesitan todas estas razones para hacer lo correcto. Si viviéramos en una sociedad en la que no cumpliéramos la ley y pudiéramos ignorarlo todo, entonces, por supuesto, la vida sería caótica.

Si no logramos lo que necesitamos un día, siempre habrá un mañana. Creo que si estás haciendo lo correcto, no necesitas apresurarte y pensar que todo debe estar terminado hoy. Si estás mirando hacia el futuro y estás trabajando en algo que tendrá recompensas duraderas, debes mirar todos los días como, "Está bien. No lo terminé todo hoy, pero lo haré mejor la próxima vez". Tener la actitud de que siempre hay un mañana es algo muy bueno.

Definitivamente debes amar lo que haces, particularmente en los negocios, porque si haces lo que amas, el éxito vendrá. Es muy difícil pasarte el día haciendo algo que no disfrutas. Sé que a veces, temporalmente, tenemos que hacer lo que debemos para sobrevivir y pagar las deudas. Pero estoy diciendo que, si vas a hacer algo por ti mismo, especialmente en los negocios, asegúrate de amar lo que haces; de lo contrario, eventualmente te rendirás. Dirigir una empresa es un compromiso de tiempo completo. Incluso si lo haces a tiempo parcial, sigue siendo un compromiso de tiempo completo. Y esa decisión debe tomarse desde el principio. Todo esto es parte de hacer lo correcto.

Esto me lleva a mi punto final, que llamo "la línea de tiempo". Se trata de tener la actitud correcta. Cada día que enfrentamos es un día al que nunca volveremos. Ya sea que tenga 30 años o 60, todos los días deben contar. Deben significar algo. Aquí es donde estoy de acuerdo con Tony Robbins cuando dice que debes tener esta "actitud de debo hacerlo" todo el tiempo. Esto no significa que no tendrás contratiempos, pero debes continuar avanzando independientemente de esos contratiempos inevitables.

A veces me gusta volver atrás y recordarme a mí mismo la actitud de tengo que hacerlo. Hubo un tiempo en que mi esposa y yo vivíamos en un apartamento de dos habitaciones. Para nosotros, comprar una vivienda se convirtió en una prioridad. Habíamos hecho una declaración por escrito sobre la compra de una casa, pero no teníamos dinero; no teníamos nada ahorrado y no sabía cómo íbamos a comprar una casa. Pero un día le dije a mi esposa: "Vamos a comprar una casa". Y ella preguntó: "¿Cómo?"

Tomé la decisión de reunirme con un especialista en hipotecas y le mostré lo que estaba haciendo en ese momento y cuánto dinero estaba ganando. Estaba en mi segundo año en el negocio y él miró los cheques regulares que entraban, y aunque mi crédito no era el mejor, pudo arreglar una hipoteca y me aseguró que dentro de tres meses nos mudaríamos a una casa. Y debido a que comprar una casa se había convertido en algo "que tenía que hacer" para mí, sucedió. En tres meses, mi esposa y yo habíamos comprado nuestra primera casa.

CAPÍTULO 14

Principio 14: Imagina Que Esta es Tu Última Oportunidad

Si bien el título de este capítulo puede parecer negativo o pesimista, en realidad no lo es. Como una fecha límite o una fecha de vencimiento, está destinada a servir como la patada en el trasero que muchos de nosotros necesitamos. No insinuar que somos vagos o irresponsables. Es simplemente la naturaleza humana posponer las cosas hasta que hayamos llegado al proverbial "final". O en este contexto, la última oportunidad para planificar el futuro que queremos o lograr una meta largamente deseada.

Reflexiones de John ...

La verdad es que nunca es una última oportunidad real. Como dicen, solo fallas cuando no te levantas y vuelves a intentarlo. Sin embargo, cuando se trata de finanzas y ahorros para tu jubilación o la educación de tus hijos, si no has comenzado, ya estás en el final del juego, sin importar tu edad. Digo esto porque tengo la firme convicción de que deberías empezar a ahorrar para tu futuro tan pronto como empieces a generar ingresos. A esto le llamo "pagarte a ti mismo primero". Si bien esta es una disciplina, lamentablemente es algo que a la mayoría de nosotros no se nos enseña.

Si no has ahorrado para tu futuro, lo primero que debes afrontar es la realidad de tus circunstancias. ¿Cuántos años tienes? ¿En qué etapa de tu vida te encuentras? Por ejemplo, si tienes 50 años y no has ahorrado ni un centavo, no es demasiado tarde. Simplemente significa que necesitas economizar o comprimir el tiempo. Alguien que tiene 33 años tiene alrededor de 30 años para ahorrar para su futuro. Alguien que tiene 50 años tiene unos diez años. Esto no significa necesariamente que dejes de generar ingresos en tus últimos años. Solo significa que debes concentrarte en generar ingresos que, con suerte, sean residuales dentro de ese período de diez años.

El primer paso es preguntarte cuánto necesitarás en el futuro para determinar cuánto necesitas comenzar a ahorrar hoy. Si tienes 50 años y calculas que te jubilarás a los 70, que es un número realista en la actualidad, eso te da 20 años para ahorrar dinero. Después de impuestos y gastos, ahorrar $50,000 al año es una buena cantidad para invertir en tus años de jubilación. Puede parecer mucho dinero, y lo es. Son aproximadamente $4,000 dólares al mes. Eso es lo que necesitas ahorrar por mes para que al final del año tengas $50,000 que se acumularán y acumularán intereses. Este es un ejemplo de procesamiento de números.

El siguiente paso es planificar. ¿De dónde vendrá este dinero "extra"? Suponiendo que actualmente tienes un trabajo que cubre tus gastos (hipoteca, pago del automóvil, varios pagos del seguro, poner comida en la mesa, vacaciones, etc.), te das cuenta de que no queda mucho dinero al final del mes. Sin comprometer la calidad de vida, te das cuenta de que necesitas iniciar un negocio desde casa. ¿Vas a dejar tu trabajo? La respuesta a eso es un NO rotundo, por muchas razones. Quizás tu trabajo te proporcione beneficios. La segunda razón es que dejar tu trabajo te alejaría de las personas que ya conoces y de la oportunidad de conocer a otras personas. Estás comenzando un negocio en el hogar y en solitario para crear una fuente de ingresos múltiple, no para reemplazar tu salario actual.

Principio 14: Imagina Que Esta es Tu Última Oportunidad

Muchas veces tus compañeros de trabajo se convierten en tus amigos. Socializas con ellos. Vas a tomar algo con ellos después del trabajo o están juntos en una liga de bolos. Usando el modelo de negocio de mercadeo en red como ejemplo, este es un negocio de personas. Puedes mencionar tu oferta y ni siquiera tienes que reclutarlos, pero pueden convertirse en clientes, especialmente cuando tienes una fe genuina en la empresa y los productos que representas. Dejar tu trabajo sería lo que se llama "tiempo completo prematuro". Desafortunadamente, mucha gente hace esto. Renuncian a su trabajo y se concentran a tiempo completo en su negocio desde casa. Lo que acaba pasando es que se estresan. Se necesita tiempo para construir un negocio, y ¿cómo puedes concentrarte en tu negocio cuando estás preocupado por pagar tus deudas? Una mejor pregunta es, ¿cómo puedes concentrarte en ahorrar para el futuro cuando tienes dificultades para pagar tus gastos de subsistencia actuales?

Además, se necesita tiempo para desarrollar las habilidades necesarias para hacer crecer un negocio. Dicho esto, la acción correcta que debes tomar es mantener tu trabajo para que puedas mantener un ingreso regular. Tu "actividad secundaria" es la suma, no la igualación o la resta. Quieres SUMARLE a la vaquita, no reemplazarla. Aún no. Y así es como comprimes el tiempo: conociendo tus números.

Una de las cosas que he observado acerca de las superestrellas en los negocios—las personas que han creado grandes negocios, ya sea en la venta directa o en poseer otro tipo de modelo comercial—es que conocen sus números:

- Saben lo que necesitan vender.
- Saben lo que necesitan vender para pagar las deudas.
- Saben lo que necesitan vender como extra para poder ahorrar.

Como emprendedores, necesitamos conocer nuestros números, porque de lo contrario no sabemos para qué estamos trabajando. Usando el ejemplo mencionado anteriormente, saber que necesitamos ahorrar $50,000 al año nos ayuda a seguir adelante. Nos da un objetivo, un número por el que luchar. Mientras tanto, tienes tu trabajo habitual para cubrir los gastos de hoy. Desafortunadamente, la mayoría de la gente no piensa estratégicamente. Es por eso que tantas personas terminan a los 70 años sin el dinero que necesitan para cubrir los gastos básicos. Mientras tanto, han ganado mucho dinero en sus vidas. Y aquí está la parte triste: si sumaran todo el dinero que han ganado durante su vida, se darían cuenta de que han ganado muchísimo dinero y no tienen idea de a dónde se fue todo.

Pagaste impuestos. Pagaste tus gastos. Pagaste tu alquiler o tu hipoteca y el pago de tu automóvil y tu seguro, etc. Pero nunca aprendiste a pagarte a ti mismo primero. La razón por la que las personas fracasan es que no tienen un objetivo; no saben adónde van; no saben para qué están trabajando. Luego, en el momento en que se pone un poco duro o difícil, renuncian porque olvidan la razón por la que comenzaron en primer lugar.

Siendo realistas, ya sea que vendas vitaminas o casas, la mayoría de las personas no comienzan porque eso es lo que quieren hacer. Lo hacen porque quieren llegar a algún lugar en la vida. Tu razón te recuerda que quieres llegar a otra parte de tu vida. Lo haces por tu futuro.

Reflexiones de Foster ...

Este es un tema importante que creo que cualquiera, incluido yo mismo, puede apreciar. Si estás viendo algo como si fuera tu "última oportunidad", definitivamente quieres ser el mejor en cada

Principio 14: Imagina Que Esta es Tu Última Oportunidad

una de las cosas que haces. Una cosa que sé que haría es dedicar más tiempo a las cosas que más me importan. Me siento muy afortunado de haber encontrado mi verdadera pasión en la vida. Ayudar a la gente promedio a convertirse en superhéroes es algo que me da la mayor alegría. Y estar en esta industria, conocida como mercadeo en red o mercadeo multinivel, me permite hacer eso. Me doy cuenta de que existen muchas oportunidades, sin embargo, esta industria en particular me permite ayudar a la persona promedio a convertirse en un superhéroe de su propia vida.

Una de las cosas que haría si fuera mi última oportunidad es sacrificar más. Creo que a veces somos un poco egoístas. Esta mañana hice algo que creo que vale la pena compartir aquí. Lo interesante es que hace apenas dos semanas mi esposa y yo estábamos charlando y le pregunté: "¿Cómo definirías el amor?" Sin desviarme del tema, demostré lo que es un verdadero amor con sacrificio. Esto es lo que sucedió.

Una amiga mía que también está en el negocio del mercadeo en red había estado viviendo en Jamaica durante bastante tiempo y regresó de visita. Una semana después, necesitaba llegar al aeropuerto a tiempo para tomar su vuelo a las 9 a. m. Y cuando estaba hablando con mi esposa de que la llevaría, significaba que tendría que salir de casa a las 5 a. m. para llegar a su casa a las 5:30 a.m. para poder llevarla al aeropuerto a las 6 am.

Estaba describiendo ese amor a mi esposa y le dije: "Este no es el tipo de amor romántico, pero es uno de esos tipos de amor que le rindes a un amigo o vecino. Es como, ama a tu prójimo como a ti mismo; algo que haces por ti mismo que deseas que alguien más haga por ti cuando sea necesario."

Todo eso para decir que, si estuviera considerando esta como mi "última oportunidad", sacrificaría más de mi tiempo por los demás. Realmente lo digo en serio. En lugar de concentrarme en mí mismo, estaría al servicio de la humanidad. También pasaría más tiempo —en cantidad y calidad— con mis seres queridos. Creo que es importante entender que considerar cualquier momento de tu vida como tu "última oportunidad" es una oportunidad para hacer cambios ahora mismo.

Con mi "última oportunidad" como punto focal, me enfocaría más en lo que es importante para mí, incluida mi fe, mi familia, mi trabajo y todas las cosas que creo que dedicamos mucho tiempo a buscar. Mi mayor cambio es que sería más intencionado. Lo que quiero decir con eso es que, si es mi salud, me ganaría la vida intencionalmente. Si se trata de mi trabajo, sería más intencionado en lo que hago. En otras palabras, asistiría a más eventos de mercadeo en red. Lo haría muy intencional; hacer el esfuerzo de buscar más conocimiento. Y también correr más riesgos. Porque a veces nos gusta ir a lo seguro, y eso no es necesariamente algo bueno. ¿Cómo podemos aprender y crecer si siempre vamos a lo seguro?

Además, como última oportunidad, me aseguraría de practicar el ser agradecido con más frecuencia. Aprecio a mi esposa de muchas maneras, y debido a esto, ella aprecia mucho lo que yo llamo el nido de amor. Cualquiera que sea el acto de bondad que reciba, ella me llama, incluso si estoy en una reunión, y dice: "Gracias. Realmente aprecio eso." A veces, ese acto de bondad se devuelve, aunque no esperes nada a cambio: te llaman para decirte "Gracias por estar allí. Gracias por ayudar. Gracias por escuchar. Gracias por darme ese hombro en el que apoyarme".

Cuando sabemos que esta es nuestra última oportunidad, ni siquiera debemos tener miedo de corregir las cosas. Por ejemplo, tengo lo que llamo "perdona y sé libre". Hay muchos de nosotros que somos heridos por diferentes personas. Y a veces llevamos esa carga. Tener el valor de decirle a alguien: "Me equivoqué. Lo siento." O "Por favor, perdóname". Si esta es mi última oportunidad y mi último chance, me gustaría resolver las cosas y hacer las paces.

Otra intención de mi "última oportunidad" sería hacer las cosas que ayuden a fortalecer a las personas. Ser más intencionado en la forma en la que alabo a mis propios hijos es un buen ejemplo. A veces están haciendo grandes cosas y no siempre reciben los elogios que merecen. Poder decir: "Estoy orgulloso de ti" o "Sé que puedes hacerlo". Estas son cosas simples que alegrarán el día de alguien.

Pensar que esta puede ser tu última oportunidad te hace realmente mirarte a ti mismo y a tu vida y darte cuenta de que puedes empezar a hacer todas estas cosas incluso si no es realmente tu última oportunidad. Esto puede hacerte una mejor persona. A veces necesitamos presionar pausa. A veces necesitamos detenernos y preguntarnos: "¿Por qué estoy haciendo todo esto?" En otras palabras, si algo que estás haciendo no es hacer de este planeta un lugar mejor, mejor de lo que tú y yo lo encontramos, definitivamente debemos presionar la pausa.

También hay aspectos en nuestras vidas y en nosotros mismos que no cambiaríamos. Seguiré amando a mi esposa. Seguiré amando a mis hijos. Seguiré amando a mis amigos y vecinos. Pero lo que haría de manera diferente son las cosas que he enumerado. Y este tema también me hace más consciente para ser más considerado. No tengo que esperar hasta mi último día o mi última oportunidad. Mi último día podría ser hoy; podría ser en este minuto. Entonces, ¿por qué no ser intencionado en cada minuto?

CAPÍTULO 15

Principio 15: Prepárate para Tu Siguiente Nivel

Alcanzar el siguiente nivel es un objetivo muy personal. Para algunos, significa alcanzar la libertad financiera. Para otros, el siguiente nivel no tiene nada que ver con las finanzas, sino con alcanzar un cierto estatus, ya sea un grado, título o puesto. Independientemente de lo que signifique para ti alcanzar el siguiente nivel, todo se reduce a valores y ambiciones personales. Alcanzar el siguiente nivel se trata de una sensación de logro y tranquilidad.

Nuestra esperanza con este libro y los principios que hemos definido en todo momento es que te ayudarán a establecer estándares para ti mismo con una hoja de ruta para lograr la vida que deseas.

Reflexiones de John ...

La vida tiene muchas variables e incluso un orden para ellas. Para mí, es la fe primero. Luego salud, familia y finanzas. Dicho esto, como mi experiencia está en las finanzas, comenzaré con eso. Con el fin de reunir tus finanzas, debes interesarte por los intereses. La gente rica gana intereses. La gente pobre paga intereses. La pregunta es, ¿quién quieres ser: rico o pobre? Obviamente, la respuesta es rica, o al menos financieramente segura. Y el primer paso para lograrlo es saldar tus deudas financieras. Esto incluye tarjetas de crédito, líneas de crédito y cuentas de sobregiro. Básicamente, cualquier cosa por la que pagues intereses y que no se considere una inversión. Una vez que hayas pagado tus deudas financieras, te beneficiarás de una libertad que la mayoría de la gente nunca llega a experimentar. ¿Te imaginas cómo sería tu vida si no tuvieras deudas?

El siguiente paso es acumular activos para tu futuro. Invierte hoy pensando en el mañana. Por supuesto, es posible que tengas que omitir algunas cosas (como el café con leche diario) y debes ser disciplinado para no terminar a los 65 años preguntándote cómo vas a pagar tus gastos básicos de la vida. Nadie quiere terminar así. Una vez más, hay que ser disciplinado todos los días y, a veces, la disciplina es dolorosa. No para degradar lo que atraviesan las mujeres durante el parto, pero me gusta usar esto como un ejemplo para transmitir ambos extremos del espectro. Durante el parto, el dolor es insoportable. Así es como se siente la disciplina. Una vez que nace el niño, es el sentimiento más maravilloso del mundo. Y eso es lo que se siente vivir libre de deudas.

A veces, el dolor por el que tenemos que pasar ... el dolor de la disciplina ... el dolor de no poder hacer algunas de las cosas que otras personas están haciendo ... todos se van de vacaciones ... todos van a restaurantes caros. Aquí es donde entra la disciplina: es posible que debas depositar algo de dinero en una cuenta de jubilación o en el fondo de educación de tus hijos o en un fondo de vejez. En lugar de vivir el momento, tenemos que planificar el futuro.

Y luego está la pregunta difícil pero realista: ¿Qué pasa si estoy planeando para el futuro y muero repentinamente mañana? Me habré perdido algunas de las cosas que amo hoy. Pero cambiemos eso. Si no mueres mañana (y es probable que no lo hagas), entonces, ¿qué sucederá en el futuro en términos de tu vida cuando quieras que ese dinero esté allí para cuidar de ti mismo en tus últimos años

Principio 15: Prepárate para Tu Siguiente Nivel

o para cuidar de tus hijos? Aquí es donde tenemos que empezar a pensar de manera un poco diferente a como lo hemos hecho en el pasado. Se trata de tener la disciplina para invertir, ahorrar y guardar dinero. A veces es incluso la disciplina para continuar con nuestro trabajo diario, aunque no lo estemos disfrutando.

Ahora que soy mayor, a menudo me preguntan cuándo planeo dejar de trabajar. Y eso incluye las llamadas diarias, los viajes y la promoción de mi negocio y su oferta en términos de oportunidades y productos. Mi respuesta es nunca, porque no sé cuándo llegará ese día lluvioso. Puede que nunca llegue, pero quiero estar preparado, y la mejor manera de estar preparado es manteniendo mi espada afilada. Por otro lado, me siento afortunado de que lo que se considera mi "trabajo" es algo en lo que creo y me apasiona.

Aquí es donde mucha gente comete un error. Obtienen una cierta cantidad de ingresos o una cierta cantidad de dinero y piensan que luego pueden tomárselo con calma. Empiezan a flojear. El problema de rodar sin pedalear es que tus habilidades se oxidan muy rápido. Esto es congruente en ir al gimnasio. Si nunca has ido al gimnasio y vas por primera vez, es una experiencia feliz. Es como, "¡Guau! Mira este equipo. Mira esta caminadora. Todo esto es divertido". Pero si eres como yo y has sido una rata de gimnasio toda tu vida, sabes lo doloroso que es cuando te detienes por cualquier motivo y comienzas de nuevo. La forma más fácil es continuar. Seguir un horario y cumplirlo.

Es lo mismo en los negocios. Si continúas creciendo y trabajando poniendo tiempo y esfuerzo, nunca tendrás esa dificultad de "¿Cómo diablos puedo empezar de nuevo?" Como seres humanos, somos flojos. Buscamos el camino de menor resistencia. La buena noticia es que la forma más fácil es seguir haciéndolo. Dicho esto, si deseas reducir las horas o los viajes que realizas, esa es otra historia.

Pero nunca querrás dejar de desarrollar tus habilidades y crecer como persona—tanto desde una perspectiva empresarial como como ser humano. Es importante recordar que has sido estudiante toda tu vida. El día que dejas de aprender es el día que dejas de vivir.

En relación con el siguiente nivel, tus ambiciones e incluso tus conocimientos y habilidades, todo es parte de un viaje. El viaje es el panorama más amplio. Y eso es lo que la mayoría de la gente no entiende. Ven la acumulación de logros y el autodesarrollo como una cantidad, como cuando se llena un vaso. Piensan, "cuando pueda retirarme" o "cuando pueda ir a la playa" o "cuando pueda ir a pescar cuando me apetezca". Todas estas son cosas agradables para hacer, pero la realidad es que nunca olvidamos las habilidades que nos llevaron a donde estamos hoy. Y si sigues desarrollando esas habilidades y nunca dejas de afilar esa espada proverbial, tu siguiente nivel también continúa expandiéndose. No quieres que tus habilidades disminuyan a medida que envejeces. En todo caso, deberían mejorar.

Hace años, por un corto período de tiempo vendí seguros de vida. Es una de las pocas cosas que he hecho a lo largo de mi carrera que estaba fuera del multi nivel. Aunque solo hice esto por un corto tiempo, nunca olvidaré el impacto que tuvo en mí. Trabajé con un hombre que tenía 70 años y era considerado una leyenda viviente en Metropolitan Life Insurance Company. Solía llegar a la oficina muy temprano en la mañana, alrededor de las 5:30 o 6:00. Una mañana llegué y lo encontré ya allí. Había vuelto de llenar una solicitud para un cliente. Recuerdo haberle preguntado por qué todavía trabajaba. Su respuesta fue: "A medida que envejezco, mi negocio se ha vuelto más fácil porque he mejorado en eso".

Es hasta hoy que realmente comprendo lo que estaba tratando de decirme. He trabajado en la industria del mercadeo en red durante más de 37 años. ¿Crees que soy mejor en eso ahora que hace 35 años? Será mejor que lo sea. Financieramente, no tengo tanta necesidad como en otros momentos de mi vida y, sin embargo, sigo trabajando en ello todos los días. Hoy mismo, ya hice once conferencias telefónicas y todavía tengo tres más esta noche. No solo eso, sino que fui al gimnasio y me aseguré de pasar tiempo con mis hijos. Mi punto es que puedes hacerlo todo en la vida, pero solo si te enfocas en hacer el trabajo todos los días.

Así es como se pasa al siguiente nivel. La buena noticia es que el siguiente nivel siempre es más fácil que el último porque trae todo lo que has aprendido y trabajado contigo. Se hizo un estudio que llegó a la conclusión de que si tomas a una persona que ha ganado un millón de dólares y le quitas todo su dinero, en doce meses volverá a hacerlos. ¿Por qué? Porque la habilidad que desarrollaron para hacerlos en primer lugar todavía está ahí.

Por otro lado, una persona que nunca ha ganado un millón de dólares no sabe cómo hacerlo; todavía lo están adivinando. Es el desarrollo de habilidades lo que va a hacer que suceda en una segunda, tercera o cuarta vez en una carrera. En cada nivel siguiente, tu cimiento es más fuerte que el nivel anterior. Eso solo es motivo para no dejar de crecer.

Reflexiones de Foster ...

Independientemente del tipo de negocio en el que te encuentres, ya sea en bienes raíces o en mercadeo en red, cada emprendedor debe tener lo que yo llamo una rutina, y para llegar a ese nivel, debes precisar ciertos puntos que creo que traerán crecimiento. Los siguientes son los cuatro principales en los que me enfoco y que me han ayudado a hacer crecer mi negocio.

1. Número diario de contactos

No hace falta decirlo, pero sigue siendo un recordatorio importante, que, para llevar cualquier negocio o esfuerzo al siguiente nivel, no puedes simplemente sentarte y cruzar los dedos y esperar que sucedan las cosas. Necesitas tener hábitos diarios. Y para hacer eso, debes entrar en el modo de acción en el que trates a tu empresa como si fuera una nueva empresa todos los días. Esto se aplica a todo, desde aprender a tocar un instrumento hasta prepararse para un maratón. En algún momento y en algunos días, la emoción no estará allí, pero aun así debes seguir adelante con tu rutina diaria.

Esto es porque de lo que estamos hablando aquí es de prepararnos para el siguiente paso. Y tu próximo paso no puede cobrar vida sin que hagas ciertas cosas. Por lo tanto, tiene que haber esta mentalidad de que trates a tu negocio como una empresa que está arrancando. Hay que darle a una empresa unos buenos 24 meses. Los números realmente no importan, porque todo depende de lo que hayas planeado. El objetivo es hacer que tu empresa entre en lo que yo llamo modo de crecimiento, y no puedes hacerlo a menos que tengas esta mentalidad de que tu empresa es una empresa que va iniciando.

Aquí es donde empieza la mayoría de la gente, con todo este entusiasmo, entusiasmo y energía. Con una empresa nueva, entras muy emocionado y tienes que entrar en ese modo todos los días.

2. Número diario de citas

Si tus contactos son solo un montón de tarjetas de presentación en tu escritorio, no harán nada por ti a menos que envíes un mensaje o levantes el teléfono y programes una cita. Y, por supuesto, si programas suficientes citas, definitivamente crearás oportunidades para hacer algo que te lleve al paso #3.

Principio 15: Prepárate para Tu Siguiente Nivel

3. Número diario de presentaciones
Las personas necesitan escuchar y comprender lo que haces y lo que ofreces, y la forma de hacerlo es presentándolo. Una presentación no siempre significa un PowerPoint formal, pero debes poder presentar tus ideas de una manera cuantificable.

4. Número diario de seguimientos
Siempre me refiero al hecho de que la fortuna está en el seguimiento. Por ejemplo, hoy hice unas seis llamadas de seguimiento. Cuatro de las personas con las que me acerqué estaban muy felices de que los llamara, porque querían saber a dónde vamos desde aquí. Si lo hubiera dejado y hubiera esperado que me llamaran, nada habría avanzado.

Entonces, nuevamente, la cantidad de seguimientos es realmente donde está la fortuna, porque al final del día, todo emprendedor quiere llegar al nivel que yo llamo la fuente de ingresos. Pero no puedes llegar a esa fuente de ingresos hasta que se hayan llevado a cabo todas las acciones.

Tu patrimonio neto es igual a tu red, por lo que, si tienes una red pequeña, tendrás un patrimonio neto pequeño. Tienes que entrar en el modo de crecimiento, y esto significa que estás dentro, sin importar el clima, sin importar lo que esté sucediendo a tu alrededor. Francamente, estás haciendo todo lo que puedes; porque si no, simplemente te estarás desvaneciendo, y eso para mí es peligroso.

Una de las cosas que a veces se requiere es flexibilidad. Por ejemplo, si la tecnología está cambiando, debes reestructurar algunos de tus procesos. También tienes que poder dominar. Lo que quiero decir con eso es que tu comunidad debe conocerte e incluso contar contigo como el experto o la persona a quien acudir. Por ejemplo, puedes estar en el sector inmobiliario y, sin embargo, no saber qué está pasando en tu comunidad. Esto es un error. Arreglarlo puede ser tan simple como asistir a eventos comunitarios para posicionarte dentro de tu mercado.

Siguiendo los cuatro puntos diarios (mencionados anteriormente) y protegiendo esa rutina de todas las distracciones, puedo garantizar que cualquiera puede llevar su negocio al siguiente nivel.

CAPÍTULO 16

¡Y ahora tú decides!

Como mencionamos al principio de este libro, nuestros negocios y nuestras relaciones se basan en nuestra capacidad de ser sinceros, vulnerables y solidarios. Es lo que esperamos de nosotros mismos y es lo que damos de nosotros mismos. Ha sido un placer compartir nuestras experiencias y conocimientos contigo. Nuestro objetivo con este libro es brindarte una base sólida para llevar tu negocio y tu vida al siguiente nivel.

No hay una sola persona en este mundo que no sueñe con una vida mejor. Es parte de la naturaleza humana aspirar ... esforzarse ... querer controlar nuestro tiempo, nuestras finanzas y nuestras vidas. Somos la prueba viviente de que la construcción de una industria de mercadeo en red brinda la oportunidad de tenerlo todo.

Para darte una idea de la prominencia de las empresas de mercadeo en red, incluidas las organizaciones más antiguas que se han convertido en nombres conocidos a lo largo de los años, una descripción general de la industria del 2018 realizada por la Asociación de Venta Directa (DSA) informó que la Venta Directa solo en los Estados Unidos representa $35.4 mil millones en ventas minoristas. Esta cifra representa un aumento del 1.3% con respecto al 2017.

Si te preguntas cómo, esta respuesta también se puede encontrar en un informe de DSA, uno que concluyó que "el 77% de los estadounidenses están interesados en oportunidades flexibles, empresariales y de generación de ingresos". En esta posición, la construcción de un negocio de mercadeo directo como una de las principales opciones, como se dijo anteriormente, el MLM es determinado por dos palabras: "Oportunidad" y "Relaciones".

Esperamos que apliques los principios descritos en este libro a tu vida diaria. Desde vivir con integridad hasta crear equilibrio y despertarte emocionado por el día que tienes por delante. Estos son los verdaderos signos del éxito. Y con las estadísticas de DSA, está claro que las oportunidades están justo frente a ti.

Y si no puedes confiar en nuestra palabra, contactamos con otros comercializadores de redes de diversas empresas, orígenes y niveles de experiencia. Les hicimos cuatro preguntas:

¿Qué te colocó originalmente en una situación en la que deseabas construir tu propio negocio a través de MLM?
¿Qué obstáculo (s) has superado desde que comenzaste tu viaje en el MLM?
¿Cuál es el mejor consejo que has recibido desde que te uniste?
¿Por qué crees que todo el mundo debería considerar el MLM como una fuente de ingresos múltiple?

Sus respuestas en las siguientes páginas revelan sus experiencias personales en esta industria. Con gran orgullo decimos que esta industria incluye a todas las personas. No importa cuál haya sido tu experiencia pasada, dónde vivas o cuántos años tengas. El éxito es un anillo de bronce que pertenece a todos, independientemente del género o la raza.

Por tu éxito y felicidad,
John Solleder y Foster Owusu

CAPÍTULO 17

Conoce las Múltiples Caras de Nuestra Industria

Cada día, cada hora, cada minuto, alguien conoce la oportunidad que es el mercadeo en red. Estudiantes que buscan una forma de ganar dinero extra mientras continúan con sus estudios. Padres solteros que buscan una manera de equilibrar su tiempo mientras crían a sus hijos. Personas que buscan una forma de nutrir su espíritu emprendedor. El mercadeo en red brinda una oportunidad que se basa en la edificación de personas mientras trabajas en tu propio desarrollo personal. Gente ayudando a la gente. Esa es la clave para construir un negocio de mercadeo en red exitoso.

En esta sección, nos complace presentarte a personas inspiradoras que, como tú, buscaban una forma de mejorar sus vidas. Algunos pueden decir que encontraron la solución en el mercadeo en red. Pero realmente, encontraron la solución dentro de sí mismos. El mercadeo en red es simplemente un medio, un vehículo. Y como todos los vehículos, no hay movimiento sin acción. El éxito en esta industria está impulsado por historias y motivaciones únicas. Son personas que han dedicado su vida a una industria que ofrece oportunidades ilimitadas. Más importante aún, se trata de personas que han dedicado su vida a ayudar a otros a mejorar sus vidas.

Estas son sus historias.

Gabriella Ankrah, CANADÁ

¿Qué te colocó originalmente en una situación en la que deseabas construir tu propio negocio a través de MLM (marketing multinivel)?

Mi entusiasmo y mi llegada a Canadá duró poco cuando me di cuenta rápidamente de que, como profesional extranjera, no podía encontrar un trabajo adecuado sin ninguna experiencia canadiense. Mi siguiente opción fue montar mi propio negocio, pero me encontré con una dificultad en la vida real, que era conseguir el capital fuerte para iniciar cualquier negocio convencional.

Afortunadamente, llamé a mi tío en Ottawa para obtener un préstamo y me puso en contacto con una señora que había tratado de llevarlo a una empresa de MLM. Eso inició mi viaje con un negocio de mercadeo en red con mi empresa anterior. Mi esposo y yo nos involucramos y trabajamos duro y alcancé un nivel en el que no tuve que buscar un trabajo o comenzar un negocio convencional con una gran inversión de capital que no tenía.

En segundo lugar, comenzar el negocio de MLM me ayudó a quedarme en casa y cuidar a mis hijos mientras ganaba dinero desde casa.

¿Qué obstáculo (s) has superado desde que comenzaste tu viaje en el MLM?

En mi empresa anterior, nos aconsejaron no llamar a ninguna situación un obstáculo o problema, sino abordarlos como desafíos. Los obstáculos o problemas parecen más difíciles de abordar y están más en el lado negativo de las cosas. Entonces, al construir un negocio en red, enfrentamos desafíos como cualquier cosa que hacemos en la vida. Nos enfrentamos al "obstáculo" más importante todos los días, que son los seres humanos.

Si cuidas al ser humano número uno, a ti mismo, y aprendes a ser tolerante con los demás, hagan lo que hagan, puedes superar ese desafío. Los primeros libros que mi asociado principal me recomendó leer fueron *Enriquezca su Personalidad* de Florence Littauer y *Los Siete Hábitos de la Gente Altamente Efectiva* de Stephen R. Covey. Estos libros realmente me ayudaron a superar los desafíos humanos. Con estos dos libros y otros que he leído en el camino, me he dado cuenta de que tanto los extrovertidos como los introvertidos pueden construir un negocio si ingresan al programa de autodesarrollo leyendo los libros recomendados.

El "autodesarrollo" es una parte importante del negocio de las redes para ayudar a uno a superar los desafíos, los "obstáculos". Es una parte integral de la capacitación de los asociados para ayudarlos a superar los desafíos que enfrentamos en la construcción de un negocio MLM.

¿Cuál es el mejor consejo que has recibido desde que te uniste?

Entre otros conocimientos de la vida que he adquirido a través del mercadeo en red, uno de los mejores consejos que me dieron fue: "NUNCA DEJES QUE NADIE ROBE TU SUEÑO". Este consejo me preparó para ser consciente de que la gente es muy cruel en este mundo. Cuando no pueden hacer algo, se esfuerzan por disuadirte de que tengas éxito en lo que sea que estés haciendo, por lo que siempre aconsejo a los miembros de mi equipo que estén al tanto de los "ROBA SUEÑOS".

Concéntrate en tus sueños. Si no tienes ninguno, busca uno que sea tu propulsor para lograr el éxito a pesar de todos los desafíos.

¿Por qué crees que todo el mundo debería considerar el MLM como una fuente de ingresos múltiple?

1. El MLM está en la parte superior de la lista de negocios y trabajos que han creado más millonarios y han hecho que muchas familias sean financieramente sostenibles. Todas las demás empresas crean uno o como máximo dos millonarios y un multimillonario, por lo que la riqueza creada es muy individualista. Es un programa de una sola familia, pero en el MLM, la riqueza se comparte con todos los que tienen sueños y están dispuestos a lograrlos a través de este método de creación.
2. Con esta mala situación económica que la pandemia está creando en todo el mundo, creo que lo mejor que puede hacer la mayoría de la gente es considerar involucrarse en un negocio de MLM que esté teniendo éxito.
3. Cuesta el precio de unos buenos zapatos o un traje involucrarse en la mayoría de los negocios de MLM, por lo que es muy asequible.
4. En el mundo laboral o en otros negocios convencionales, es un asunto de perros come perros, competencia sucia; mientras que en un MLM estás por ti mismo, pero no solo. En un MLM muy exitoso, la persona que te trae solo puede tener éxito cuando te ayude a tener éxito. Es una situación en la que todos ganan.
5. El mundo puede ser un lugar tan solitario, pero el MLM puede conectarte a una familia mundial, además del dinero que ganarás.

6. Si alguna vez deseas involucrarte en un grupo de personas positivas y confiables, involúcrate en el MLM, donde encontrarás más personas de esa categoría que en cualquier otra organización.
7. La mayoría de las personas no tienen suficiente tiempo, especialmente las mujeres, para estar con sus hijos mientras crecen y enseñarles los valores y la ética que quieren impartir a los niños. Un negocio de MLM te brinda la oportunidad de trabajar y cuidar a tus hijos, y no tienes que mentir para tener tiempo libre para atender a un niño enfermo. La mayoría de las personas no tienen tiempo para tomar las vacaciones de sus sueños en su vida debido al trabajo.
8. En MLM, si tienes un gran sueño y estás dispuesto a trabajar, puedes tener más éxito que la persona que te trajo al negocio.

Hay tantos beneficios en la construcción de un negocio de MLM que, si las personas tienen la mente abierta y lo investigan, estarán interesados.

Mauricio Cuevas Arouesty, MÉXICO

¿Qué te colocó originalmente en una situación en la que deseabas construir tu propio negocio a través de MLM (marketing multinivel)?

Las ventajas de la industria, la posibilidad de que con pocas inversiones puedas crear riqueza para toda la vida. El desarrollo personal que aporta la industria para poder llevar al mayor número posible de personas al mejor resultado de sus vidas. Los bajos costos y lo simple y práctico que es.

¿Qué obstáculo (s) has superado desde que comenzaste tu viaje en el MLM?

Creo que uno de los mayores obstáculos que he enfrentado en la industria es desarrollar y cambiar la mentalidad de mi equipo.

Por ejemplo, cuando se unen nuevas personas, tienen mucha energía, entusiasmo y determinación. Sin embargo, muchas veces detienen su crecimiento. Entonces, encontrar las palabras y acciones adecuadas para empoderarlos ha sido uno de mis mayores desafíos.

¿Cuál es el mejor consejo que has recibido desde que te uniste?

Hazlo con el corazón, con la genuina intención de ayudar a las personas, y lo más importante, hazlo SIMPLE. La persona que viene al mercadeo en red únicamente para ganar dinero viene por MUY POCO. Cuando tienes tu corazón y todo tu talento para llevar a tu equipo al mejor resultado, considero que este es el mejor consejo que he recibido.

¿Por qué crees que todo el mundo debería considerar el MLM como una fuente de ingresos múltiple?
Porque es la industria más grande del mundo, con el mayor número de nuevos millonarios. El desarrollo personal que te da (¡estoy devorando estos libros!) Es asombroso. Para mí, es un ganar-ganar debido a los ingresos residuales, el equipo, la LIBERTAD, etc. ¡DEFINITIVAMENTE ESTOY DONDE QUIERO ESTAR!

Angel Cardona, PUERTO RICO

¿Qué te colocó originalmente en una situación en la que deseabas construir tu propio negocio a través de MLM (marketing multinivel)?
Poder crear un negocio que opere en múltiples países que a su vez me permita desarrollar equipos y emprendedores en esos mercados. Siempre he creído que tus ingresos no pueden provenir de un mercado único.

¿Qué obstáculo (s) has superado desde que comenzaste tu viaje en el MLM?
Los retos que he encontrado han sido poder mostrarle al distribuidor potencial que tenemos una oportunidad que cumple con lo que un emprendedor siempre ha buscado en una oportunidad. Producto único, buen precio, resultados garantizados, evidencia clínica, un plan potencialmente lucrativo y una administración que comprende la cultura latina.

¿Cuál es el mejor consejo que has recibido desde que te uniste?
El mejor consejo que recibí y el que siempre comparto es:
Tenemos que trabajar más en nosotros mismos como personas y en nuestro liderazgo si queremos alcanzar altos cargos dentro del plan de la empresa.

¿Por qué crees que todo el mundo debería considerar el MLM como una fuente de ingresos múltiple?

Debemos considerar el negocio del mercadeo en red como un negocio legítimo que opera en varios países. Puedes contar con asesoría gratuita de tus patrocinadores, quienes han creado una oportunidad de negocio, porque con menos de $500 puedes desarrollar una forma de estar generando ingresos absurdos al mes, y ellos te dirán lo que debes hacer para lograr lo mismo. Es un completo ganar-ganar.

Sandy Chambers, CANADÁ

¿Qué te colocó originalmente en una situación en la que deseabas construir tu propio negocio a través de MLM (marketing multinivel)?

Cuando me gradué de la universidad, pensé que iba a prenderle fuego a este mundo. Mi objetivo era enseñar. Me encantaba y lo hacía bien. En mi tercer año, me convertí en jefa de mi departamento, pero mi esposo quería una carrera en química alimentaria y solicitó puestos en todo el país. Como la educación no era federal, tuve que empezar desde abajo en nuestra nueva ciudad. No estando totalmente feliz con mis nuevas circunstancias, opté por quedarme en casa y formar una familia. Cuando mis tres hijos pequeños comenzaban a ir a la escuela, yo estaba lista para volver a trabajar. Siempre había soñado con tener mi propio negocio, con ganas de ver cómo podía ser mi potencial. Mientras tanteaba el terreno para un trabajo, un vecino me invitó a una fiesta cosmética para el cuidado de la piel. Me encantó todo el concepto y, antes de darme cuenta, era una distribuidora independiente. Trabajar desde casa y con las necesidades de mi familia encajaba perfectamente. Estuve en esta empresa durante 13 años, ganando autos y obsequios, pero esto era venta directa y estaba limitado al lugar donde vivía. Para hacer el negocio, tenía que estar con la cliente o distribuidora potencial para poner literalmente el producto en su cara. De ninguna manera era un negocio global.

Un viernes por la tarde, recibí una llamada de un amigo que hablaba de una nueva empresa que era mercadeo multinivel. Me impresionó que me pagaran muchos niveles de profundidad, en lugar de los dos niveles que me pagaban. Además, no tenía que mostrar el producto. Mi mundo de repente se hizo mucho más grande. Podría contactar a personas en cualquier parte de mi país. En ese momento, yo era una madre soltera con tres hijos que ingresaban a la universidad, por lo que el aumento de sueldo fue muy atractivo. Al final resultó que, mis cheques mensuales pasaron de 4 a 5 dígitos casi desde el principio.

¿Qué obstáculo (s) has superado desde que comenzaste tu viaje en el MLM?

Cuando estás en tu propio negocio, como en cualquier trabajo, hay altibajos. ¡Son las bajas las que te hacen fuerte! Ahí es donde aprendes lecciones valiosas. En mi primer negocio, mis hijos tenían 4, 6 y 7 años. Querían mi tiempo y, en su mayor parte, trabajaba según su horario. Luego me encontré rumbo hacia la dirección. Tenía tres meses para duplicar mi negocio y el impulso estaba en marcha. Mi obstáculo fue lograr que mi familia se uniera a mi objetivo. Diseñé un gran termómetro y les prometí unas vacaciones familiares de tres semanas en Hawái si alcanzaba mi objetivo. Calculé lo que costaría y puse ese número en la parte superior del termómetro. Cada semana, los niños coloreaban cuánto había ganado para el viaje. No pasó mucho tiempo antes de que me empujaran hacia la puerta para ganar más dinero. Terminamos yendo a Hawái y me convertí en directora de ventas.

Otro obstáculo que tuve fue físico. Recibí una llamada de un amigo sobre esta increíble oportunidad que recién comenzaba en mi país. Realmente capturé la visión y estaba muy emocionada— lo suficiente como para comprar el paquete más grande que había, y no tenía forma de pagarlo si esto no funcionaba. Me había tomado un tiempo libre durante los últimos tres meses para buscar algo nuevo y me estaba quedando muy poco efectivo. Una cosa a mi favor era que tenía una tarjeta de crédito sin nada. Antes de recibir el producto, me quemé el pie. Grasa burbujeante caliente a 450 grados cayó sobre mi pie. Me enviaron a casa desde el hospital vendada con un frasco de analgésicos. Las instrucciones eran quedarme en casa y mantener mi pie elevado. Aquí tenía todo este producto sin forma de pagarlo a menos que lo vendiera, y no podía conducir porque los medicamentos me nublaban la vista. Como resultado, este obstáculo fue lo mejor que me pasó porque aprendí cómo patrocinar, cómo vender el producto y ser realmente buena para cerrar el trato, y por teléfono. Pagué a los mensajeros locales para que recogieran y entregaran las cajas de producto. En un mes, mi negocio cobró impulso. En lugar de conducir por toda la ciudad para ver gente, podría tomarme ese precioso tiempo para hacer muchas más llamadas de las que jamás creí posibles. Comencé a expandir mi negocio por teléfono a todo el país. He aprendido que los obstáculos están ahí para hacernos aprender. Siempre creo que después de tus tiempos más oscuros, tu luz brilla más fuerte y mejor que antes. Me di a conocer como la Cerradora por esa época en la que aprendí tanto por necesidad.

¿Cuál es el mejor consejo que has recibido desde que te uniste?
Después de estar en la industria durante cuatro décadas, tengo muchos consejos. He gastado miles de dólares para aprender que

tu actitud lo es todo. Si puedes pensarlo, puedes hacerlo. Todo es posible. Necesitas una mentalidad y una actitud positivas para tener éxito. Si vienes a esta industria para "probarlo" o "ver" lo que puede hacer, no tendrás éxito. Debes concentrarte en tener éxito y no permitir que un pensamiento negativo penetre en tu pensamiento. De eso en lo que te enfocas, obtienes más. Si te estás concentrando en intentarlo, aún lo seguirás intentando. Si te concentras en dedicar el tiempo sin un objetivo claro, probablemente estarás en el mismo lugar dentro de un año. Necesitas tener metas claras de lo que quieres y sentir cómo sería tu vida cuando las alcances. No te preocupes de cómo lo vas a hacer. Simplemente da los primeros pasos y se destaparán nuevas ideas.

Cuando comencé mi primer negocio verdaderamente exitoso, no tenía idea de que tendría miles de personas en mi grupo. Ni siquiera conocía a miles de personas. Pero seguí el plan de mercadeo. Cualquier buen plan de mercadeo te mostrará lo que debes hacer. En este caso, tuve que encontrar a seis personas que pudieran encontrar a una. En eso me concentré y luego les ayudé a conseguir sus seis. Para entonces, mi negocio se estaba volviendo tan grande y se me ocurrió otra idea. Debería comenzar las reuniones en el hotel y luego involucrar a otras ciudades. Esto fue hace muchos años, pero encontramos formas de unir a un mayor número de personas.

Hoy se hace con la computadora. Mi punto es que cuando comienzas a actuar en tus metas, haciendo que las cosas sucedan, las ideas y oportunidades para crecer más rápido comienzan a llegar a ti.

Mi otro consejo es que te busques un mentor. No hagas esto solo. Por un lado, no es divertido y, por otro lado, un mentor puede ayudarte a lograr el éxito más rápido de lo que puedas aprender por tu cuenta. No entiendo por qué tantas personas de diferentes carreras piensan que no necesitan ninguna capacitación para el mercadeo en red. Cuando comencé, alguien me dijo: "¿Crees que podrías aprender si te enseñara cómo?" Como educadora, sabía que podía aprender, pero sabía que tenía que ser educada. Asistí a todos los entrenamientos que hubo. Leí libros sobre el tema y trabajé con personas que estaban en los puestos en los que quería estar. Al elegir un mentor, asegúrate de que estén obteniendo los ingresos que tu aspiras a obtener y que hayan alcanzado el rango en el que deseas estar. Recuerdo que una amiga me llamó un día y me dijo que descubrió que su hija iba a contratar a un coach de vida. Al interrogar a su hija, descubrió que este entrenador ganaba $10,000 al año, estaba divorciado y vivía en el sótano de sus padres. Su hija, por otro lado, ganaba más de $100,000 al año, tenía un gran matrimonio y vivía en su propia casa. ¿Qué podría enseñarle este entrenador? Es muy importante a quién eliges para que te oriente.

¿Por qué crees que todo el mundo debería considerar el MLM como una fuente de ingresos múltiple?

El MLM es una gran solución para muchas personas, ya sea que tengas un trabajo de tiempo completo o no. He visto a muchas personas a lo largo de los años tomar un segundo trabajo para llegar al fin de mes. Lo que no consideran es que los salarios del segundo trabajo están sujetos a impuestos y, a menudo, elevan a esa persona a una tasa impositiva más alta. ¡A veces, todas sus ganancias del segundo trabajo van al gobierno en impuestos! Cuando te conviertes en distribuidor independiente de mercadeo en red, obtienes todos los beneficios fiscales de un propietario de negocio. Incluso puedes cancelar algunos de los gastos de tu casa y automóvil, así como muchas otras cosas. A menudo sugiero que las personas comiencen su negocio mientras tienen un trabajo para que reciban un salario mientras construyen su negocio. Es un negocio y lleva algún tiempo construirlo, pero vale la pena.

Para iniciar un negocio en mercadeo en red, generalmente tienes una tarifa de entrada y costos mensuales bajos, a diferencia de la mayoría de las empresas, pero también tienes una gran ventaja. No hay límite para lo que puedes hacer. Todos ingresan a la industria con un conjunto de habilidades diferente, pero todos pueden aprender. A diferencia de muchos trabajos corporativos, las personas con las que trabajas quieren que tengas éxito, consigas el mismo trabajo que ellos y están dispuestas a capacitarte de forma gratuita. Aprendes mientras ganas. Es importante elegir a tu mentor y a la persona con la que te unes a la empresa, porque pasarás mucho tiempo con ellos.

Miles de personas al día están comenzando un negocio de mercadeo en red en todo el mundo para mejorar sus vidas o para establecer cierta seguridad financiera. A lo largo de los años, cuando la economía esté inestable y las personas pierdan sus trabajos, el mercadeo en red prosperará. Debido a los avances tecnológicos, los trabajos están cambiando; algunos realmente se están extinguiendo. El mercadeo en red ofrece un plan B para aquellos que sienten que sus trabajos podrían verse amenazados, o podría ser su plan A. Cuando me introdujeron por primera vez en esta industria, no tenía idea de lo grande que podría llegar a ser mi negocio. No solo mis cheques mensuales crecieron a lo que algunas personas ganan en un año, sino que todo mi estilo de vida cambió. Me había ganado la libertad de trabajar y vivir como soñaba. Podía vivir en la zona adecuada; estar allí para ver los juegos de mis hijos; verlos irse a la escuela. Incluso viajar a donde quisiera ir. Me dio una seguridad que ningún trabajo me podría dar.

Me doy cuenta que las personas que se involucran en el mercadeo en red suelen ser personas positivas y de ideas afines. Puedes elegir con quién quieres trabajar. Lo que nunca me imaginé al comenzar es que algunas de esas personas se han convertido en amigos para toda la vida, incluso en familiares. Los viajes que he ganado y mis viajes de negocios quedarán para siempre en mi memoria como algunos de los mejores momentos. Todos tienen un sueño y pueden elegir si actuar en consecuencia o no.

Mi pregunta es, ¿¿¿qué pasará si nunca lo intentas y nunca descubres su potencial???

Sylvain Dion, CANADÁ

¿Qué te colocó originalmente en una situación en la que deseabas construir tu propio negocio a través de MLM (marketing multinivel)?
En ese momento, estaba en el servicio de atención al cliente de una empresa de mensajería. Me lesioné y me vi sin trabajo sin ingresos y sin poder trabajar. No tenía otra fuente de ingresos y acababa de comprar una casa nueva. Estresado y sin saber cómo afrontarlo, me hablaron de un producto y una empresa que podrían ayudarme, pero estaba escéptico. Después de probar todo lo demás para mi problema de salud, tomé este producto y los resultados fueron notables. Fue entonces cuando decidí construir mi negocio en MLM.

¿Qué obstáculo (s) has superado desde que comenzaste tu viaje en el MLM?
Creo que el MLM es un peregrinaje sin fin y que, si nos mantenemos en acción, evolucionamos constantemente y nos convertimos en lo que estamos llamados a convertirnos. La lista de obstáculos sería larga si los enumerara todos. Creo que uno de los mayores obstáculos ha sido el miedo a quedar mal y no estar a la altura. Puedo confirmarles que este miedo necesitaba ser abordado y que hoy este miedo ha sido superado por un espíritu de valentía y audacia.

¿Cuál es el mejor consejo que has recibido desde que te uniste?

Nunca te rindas y siempre sigue evolucionando con pasión y convicción. Recuerda siempre que tenemos que estar dispuestos a aprender, porque el día que olvidemos ese es el día en que comenzaremos a experimentar un declive. Ya no podremos dar el consejo adecuado a otras personas que lo necesiten porque habremos creado nuestro propio estancamiento.

¿Por qué crees que todo el mundo debería considerar el MLM como una fuente de ingresos múltiple?

En el mundo en el que vivimos, no existe la seguridad laboral. Cada vez más somos esclavos del sistema y se está volviendo irrazonable creer que trabajando por un salario lineal podemos alcanzar la libertad. Todas las personas con las que trabajo generalmente experimentan frustración y no pueden vivir sin su salario. Esta es la importancia de crear diferentes fuentes de ingresos, y una de estas es a través del MLM, porque te permite recibir ingresos residuales recurrentes y así tener dinero para invertir en tu negocio y en otros vehículos como la bolsa de valores, inmobiliaria, etc.

Blanca Fernández, MÉXICO

¿Qué te colocó originalmente en una situación en la que deseabas construir tu propio negocio a través de MLM (marketing multinivel)?
Lo que me llamó la atención fue la oportunidad de generar ingresos extra, ya que mi salario como empleada bancaria no me alcanzaba para poder ayudar económicamente a mis padres.

¿Qué obstáculo (s) has superado desde que comenzaste tu viaje en el MLM?
Ya que comencé a una edad temprana, el primer obstáculo que enfrenté fue la credibilidad. Cuando tienes 16, 17 o 18 años, no tienes mucha credibilidad cuando se trata de hablar con adultos.

El segundo obstáculo que enfrenté fue el tiempo. Tenía dos hijos pequeños cuando cumplí los 24 años y era difícil dedicar el tiempo requerido. Sobre todo, porque este negocio requiere MUCHA formación. Además, no tenía los recursos financieros necesarios para obtener el nivel de capacitación que necesitaba.

Otro obstáculo fue que mis padres no apoyaban mi decisión de entrar en este negocio. En cambio, me decían que consiguiera un TRABAJO. Tuve que aprender a enfrentar las críticas y no dejar que me afectaran.

Otro obstáculo vino después de mi primer divorcio. Para hacer la situación aún más difícil, mi hija decidió vivir con su papá cuando el juez le dio la opción con quién vivir. Este fue un gran golpe para mí.

Al mudarme a una nueva ciudad y dejar mi hogar, mi familia y amigos, sentí que estaba empezando desde cero porque me sentía sola con mi hijo en una ciudad donde no conocía a nadie.

La segunda vez que me mudé fue a la capital de México, una ciudad que tiene costumbres diferentes y un dialecto diferente al que yo estaba acostumbrada. Descubrí que esto era una barrera que me impedía relacionarme con otras personas.

Después de mi segundo divorcio de un matrimonio en el que sufrí agresión física, psicológica y emocional, también pasé por un momento difícil. Independientemente, me dediqué durante casi diez años a construir un negocio con otra empresa que realmente amaba. Luego descubrí que muchos de los productos que representaba también estaban disponibles para su compra en las tiendas a un precio más bajo que el que se me permitía vender. Un buen ejemplo es un producto que tenía un precio de $30 en mi catálogo, pero que estaba disponible por $6 en las tiendas minoristas. Ambos tenían el mismo empaque, pero estaban etiquetados con una marca diferente.

Otro obstáculo que enfrenté ocurrió cuando comencé a construir mi negocio actual con la empresa en la que estoy ahora. No pagué la hipoteca mensual de mi casa y en tres meses casi pierdo mi casa, que era la única propiedad que tenía.

Mientras tanto, seguí ayudando a las personas a desarrollarse dándoles mi tiempo y estrategias para construir un negocio exitoso. Dicho esto, siento que la clave de mi éxito ha sido la tolerancia y la capacidad de manejar la frustración.

¿Cuál es el mejor consejo que has recibido desde que te uniste?
Lo que no tiene precio no tiene aprecio. Entendí desde el principio que tener éxito en el mercadeo en red no es un negocio de velocidad sino de persistencia.

¿Por qué crees que todo el mundo debería considerar el MLM como una fuente de ingresos múltiple?
Porque el MLM es el único modelo de negocio que conozco que te permite tener un título profesional y donde puedes transformar la vida de muchas personas, incluida la tuya. También te proporciona la capacidad de obtener un ingreso inimaginable y al mismo tiempo ser padre y madre.

Ron Forrester and Leslie Hocker,
ESTADOS UNIDOS DE AMÉRICA

¿Qué te colocó originalmente en una situación en la que deseabas construir tu propio negocio a través de MLM (marketing multinivel)?
Mi educación formal es como farmacéutico, PharmD (Doctor en Farmacia), y había estado fuera de la escuela durante siete años y trabajando para una cadena nacional cuando mi jefe me dio un "ascenso". Fue hasta después que me di cuenta de que no era una promoción en absoluto. (¡Ningún otro idiota haría el trabajo!)

Me convertí en el "andariego" y cubría todos los demás lugares en un radio de tres horas desde mi casa. Mi jefe me llamaba a las 6:00 a.m. y me decía dónde me quería ese día a las 9 a.m., que podría ser en cualquier lugar dentro de ese radio de tres horas en automóvil. Entonces, trabajaba cuando otros farmacéuticos estaban enfermos, de vacaciones o por cualquier otra razón por la que alguien de repente necesitaba el día libre.

Trabajaba de 11 a 14 horas ese día, dependiendo de cuándo cerraba el sitio. A menudo, yo también pasaba la noche y hacía lo mismo al día siguiente. Trabajaba un promedio de 77 horas a la semana, sin incluir mi tiempo de conducción. Agrega mi tiempo de conducción y estaba fácilmente "en el trabajo" durante aproximadamente 100 horas a la semana. La compañía me estaba pagando realmente bien, incluso comprando mi pasta de dientes, viáticos, kilometraje y muchas bonificaciones. Lo hice durante 18 meses sin un día libre. Ni. Un. Solo. Día. Siete días a la semana. Tenía dos hijas, de tres y cinco años, y nunca las vi despiertas. Aproximadamente a los 14 meses de esto, la madre de mis hijos me dijo: "Necesitas repensar este trabajo. Tus hijos ni siquiera te conocen. Ah, y mientras lo estás reconsiderando, piensa en obtener algo que pague lo mismo".

Miré todo, incluso varios quioscos en los centros comerciales. Me convertí en un comprador de "negocios en serie" de la revista Entrepreneur. Nada hubiera hecho que lo pensara más que lo que mi esposa mencionó.

Durante siete años antes de eso, mi vecino de al lado había estado tratando de hacerme mirar su "negocio desde casa". Y diciéndome que me haría rico. No le presté atención, porque cuando empezó a hablarme, supe que me pagaban cuatro veces más que a él. Él era un empleado de la ciudad y, por lo tanto, su salario era información pública. En 1972 el ganaba $12,500. Yo estaba ganando $50,000. Durante esos años, mi salario subió y los dos últimos años se cuadruplicó. Entonces, no lo estaba escuchando.

PERO llegó mi hora. Aproximadamente a los 18 meses de esa "promoción", abrí el periódico dominical de esa pequeña ciudad, y en toda la segunda página estaba mi vecino de al lado. Decía: "¡(Mi vecino) completa la transacción inmobiliaria más grande de nuestra historia!"

Había subido a la montaña local (una colina para la mayoría de los estándares) y compró una mansión nueva, y luego fue a la puerta de al lado y compró otra, ¡que le dio a su suegra! Me quedé impresionado, por decir lo menos.

Fui a verlo y le hice tres preguntas (que he aprendido que son las preguntas universales que todo prospecto se hace, aunque solo sea en su mente): 1. ¿Qué tengo que hacer realmente? 2. ¿Cuánto tiempo tengo que dedicar realmente a hacer eso? 3. ¿Realmente se puede esperar que gane $ 500 adicionales en cinco o seis meses a partir de ahora?

Sus respuestas fueron fácticas y me hizo pensar en varias de ellas con las preguntas que me hizo el a mí. A veces, sería bueno para mí compartir esas preguntas, respuestas y preguntas posteriores. ¡He aprendido que todos los prospectos tienen los mismos!

Tan pronto como estuve satisfecho con las respuestas, ni una manada de caballos hubiera podido detenerme. Empecé a trabajar cinco horas a la semana en mi negocio en ese momento. Para tener tiempo, renuncié por completo a cualquier televisor. El resto es historia.

¿Qué obstáculo (s) has superado desde que comenzaste tu viaje en el MLM?

Soy introvertido ¡Posiblemente el introvertido más grande que hayas conocido! Me encontré cara a cara con este hecho cuando estaba en el semestre de primavera de mi décimo grado en la escuela secundaria.

Déjame ponerte el escenario. Crecí bendecido con padres que me amaban, bendecido con el hecho de que no me faltaba comida ni ropa. Pero éramos agricultores pobres que le rentaban a un dentista que era dueño de una granja de carne en Carolina del Norte. (Me enteré cuando me mudé a Texas que no crecí en una "granja". Que era realmente un "rancho" —pero esa es otra historia).

Teníamos mucha comida, animales, aves y productos de nuestro jardín de dos acres. (¡Lo cual es enorme, por cierto! ¡Intenta cuidar de dos acres de jardín algún día!) Y siempre enlatábamos y congelábamos durante los meses de invierno.

Volviendo a mí siendo introvertido. Como éramos agricultores arrendatarios y yo era tímido e introvertido, tenía una imagen baja de mí mismo. Como resultado, no "andaba" en una pandilla, por así decirlo, pero sabía el nombre de casi todos (la ventaja de crecer en una escuela pequeña; 472 estudiantes en total). Entonces, siendo introvertido, no interactué mucho y lo evité tanto como pude.

Mi lección llegó el 17 de abril de 1963, aproximadamente a las 11:00 am. Salía del gimnasio y me dirigía a una acera corta de 200 pies que "hacía T" con otra que conducía a la escuela secundaria a la izquierda y a la escuela primaria a la derecha. Salgo del gimnasio a unos 30 pies—la acera estaba vacía, lo cual era un nirvana para mí—y bajé los grandes escalones de entrada a la escuela secundaria y salta la chica más hermosa de la escuela. Rubia. Ojos azules. Animadora principal. Majorette de tambor. Ella era lo que todos deseaban, ¡incluyéndome a mí! ¡Estoy en un aprieto! Las cosas pasan rápidamente por mi mente. "¿Puedo darme la vuelta y volver a entrar? No, demasiado excéntrico. ¿Qué puedo decir? ¿Hola? No, eso es tonto.

¿Hola? ¡Oh Dios mío! ¡Eso no funcionará! "Mi cabeza daba vueltas y me lo quitaron todo en unos 40 segundos. Puedo decirte lo azul que estaba el cielo ese día. Todavía puedo oler la hierba recién cortada a mi alrededor. Puedo escuchar a los niños jugando en los columpios del patio de recreo por encima de mi hombro izquierdo. Puedo decirte lo que estaba usando y puedo decirte lo que llevaba ella. Pero no puedo decirte lo que le dije cuando me dijo: "¡Hola, engreído!"

¡Estaba anonadado! Mi cuerpo estuvo en la escuela el resto de ese día, pero mi mente no. Estaba pensando: "Esta gente cree que eres engreído". Pero en realidad no lo era. ¡Estaba muerto de miedo! Y luego pensé: "¡Tienes que hacer algo que te saque de este caparazón o tendrás una vida miserable! ¡Lo tienes que hacer!"

Pasé por tantas opciones ese día, y cuando salí de la clase fui directamente al lugar de reunión de hamburguesas para adolescentes y me conseguí un trabajo como camarero. Había razonado que, si hacía eso, tendría que estar al servicio, comunicarme y aprender a interactuar socialmente.

Funcionó. Lo odiaba, pero aun así lo hice, lo hice y lo hice. Al final, no había ni un niño que no conociera, y al final de mi undécimo grado (un año después) un buen amigo se postulaba para presidente de la clase superior, pero vino a mí y me dijo que debería postularme y que pensaba que yo ganaría. Lo hice y me ayudó a ingresar a la universidad que elegí.

También me ayudó a hablar con la gente y no tener miedo de acercarme a la gente, ¡Que es lo que tienes que hacer en esta profesión! Resulta que fue la mejor interacción social para mi crecimiento personal que he tenido. Me inspiró a hacer todo lo posible para convertirme en una mejor persona.

¿Cuál es el mejor consejo que has recibido desde que te uniste?

Nunca renunciar. He estado en desarrollo personal desde que era preadolescente. Mi mamá y mi papá desarrollaron un sentido de responsabilidad en todos nosotros (éramos cuatro niños), y principalmente se reducía a que podías hacer cualquier cosa que creyeras que podías hacer. Perseverar hasta completar el trabajo. Cuando me uní a la industria del mercadeo en red, pregunté si era razonable esperar ganar $500 al mes extra después de cinco o seis meses trabajando cinco horas a la semana. La respuesta fue sí; no importa lo que suceda en el camino, simplemente no te rindas.

Claro, he recibido muchos no, pero cada vez que me quitaba la ropa por la noche, no había sangre. Entonces, no importaba, y no me rendí. Casi cinco meses después de ese día, tenía un cheque en mis manos por $500. Recuerdo mirar ese cheque y tomar la decisión más importante de mi vida. Lo considero la decisión más importante porque me llevó a todas las grandes experiencias de mi vida. Miré ese cheque y me dije a mí mismo: "Esto funciona, al contrario de lo que muchos otros dicen, y me quedaré y veré hasta dónde puedo llegar".

¡Me ha llevado bastante lejos! Una vez recibí un cumplido tuyo, John, que probablemente no recuerdes, pero lo yo sí. Estábamos en Clearbrook en nuestra primera reunión de Directores de Mercadeo Nacional y estaban entregando todos los premios por hacer un buen negocio, que es a lo que se reduce. Entregaron siete premios. Me llevé seis de ellos (debería haberme llevado el séptimo también, pero la política intervino y le dieron el Premio al Liderazgo a un novato en la empresa —con logros en el negocio, pero no en la empresa). De todos modos, estabas sentado detrás de mí y me tocaste el hombro y dijiste: "¡No sabía que eras tan bueno!"

¡Me inspiraste! Me he mantenido con los mismos altos estándares durante toda mi carrera.

¿Por qué crees que todo el mundo debería considerar el MLM como una fuente de ingresos múltiple?

Para 1980, cuando entré en este modelo de negocio, había pensado mucho, y creo que, si hubiera sido realmente inteligente, en lugar de confiar en mi aprendizaje y educación de libros, me hubiera dedicado a la venta de seguros al terminar la escuela secundaria, porque ese modelo usa los mismos principios de riqueza que usamos en este modelo (probablemente copiado del modelo de seguros) de capitalización, apalancamiento e ingreso residual. Hacemos lo mismo que hace el corredor que contrata a muchos agentes y los capacita para que vayan a vender el producto, y él obtiene una pequeña parte de muchas ventas. Hacemos lo mismo que el propietario del complejo de apartamentos—establecemos muchos flujos de ingresos y, si uno se interrumpe (alguien renuncia), los otros flujos siguen enviando pequeñas cantidades al pozo. Por supuesto, para que esas múltiples personas estén configuradas para enviar esos muchos flujos pequeños, pagamos un precio. Viajamos, entrenamos, recompensamos, trabajamos los fines de semana y las noches cuando otros no lo hacen.

El hombre que me reclutó tardó siete años en despertar mi interés y convencerme. Me quería morir varias veces por esperar esos siete años. Si todos entendieran realmente el poder del apalancamiento, la capitalización y los ingresos residuales, hoy existiría un entorno diferente. Todos deberían tener múltiples fuentes de ingresos en caso de que algo le suceda a uno de ellos.

Utilizando el dinero solo como medida, sé en mi caso exactamente cuál es la diferencia. Mi aumento cuando trabajaba en farmacia tenía un tope del 3% anual. Calculé mis ingresos totales durante 40 años haciendo eso con un aumento del 3% por año y créanme cuando digo que he ganado más, doce veces más, en mi carrera de mercadeo en relación a la carrera de doctor en farmacia. Pero esa no es la verdadera compensación. ¡La compensación real son las personas a las que he ayudado a cambiar sus vidas positivamente! ¡Imagina el legado que tenemos tú y yo! Esto es parte de la maravillosa compensación de este modelo. Tendremos grandes legados. Mucha gente recordará cuánto les ayudamos y de tantas formas. Y en nuestros dos casos, los ingresos del modelo de mercadeo nos han brindado la oportunidad de realizar programas de divulgación que han tenido un impacto directo en las vidas de otros, millones de personas ahora. ¡Ese es un legado que muy pocos pueden dejar!

Me siento extremadamente honrado de que me pidieras que participara en este libro porque tal vez, solo tal vez, alguien leerá una de mis historias y será el comienzo de algo nuevo y grande para ellos. Sigue dando esos grandes pasos, amigo. ¡Estoy ahí contigo!

Robin Francis, TRINIDAD Y TOBAGO

¿Qué te colocó originalmente en una situación en la que deseabas construir tu propio negocio a través de MLM (marketing multinivel)?
Estaba casado con una de las mujeres más bellas del mundo y quería darle la mejor vida posible. Después de ir a una presentación, me di cuenta de que solo el MLM podría haberme brindado la oportunidad de hacerlo sin un doctorado o licencia en derecho.

¿Qué obstáculo (s) has superado desde que comenzaste tu viaje en el MLM?
Estar atrapado en un trabajo con salario fijo.

No había dinero para viajar por todo el mundo para explorar y disfrutar de mi vida.

Tener cierto nivel de libertad financiera para mantener a mi familia.

El obstáculo de trabajar duro en lugar de trabajar de forma inteligente.

¿Cuál es el mejor consejo que has recibido desde que te uniste?
El secreto del éxito es simple: habla con mucha gente.

El negocio no se trata de mí; se trata de ayudar a otros a obtener lo que quieren en la vida a través de mi negocio.

¿Por qué crees que todo el mundo debería considerar el MLM como una fuente de ingresos múltiple?

El MLM obtiene el 1% del esfuerzo de 100 personas en lugar de obtener el 100% de tu propio esfuerzo.

Este es el mejor método para obtener ingresos, porque si un día te encuentras en una situación en la que no puedes trabajar, aún puedes obtener ingresos porque no se basa únicamente en tu propio esfuerzo.

Joe García, CANADÁ

¿Qué te colocó originalmente en una situación en la que deseabas construir tu propio negocio a través de MLM (marketing multinivel)?
Después de que se vendiera el club de tenis y gimnasio que administraba durante la temporada navideña de 1992, me di cuenta de que estaba construyendo el sueño de otra persona en lugar del mío. Entonces me prometí a mí mismo que nunca volvería a trabajar para otra persona.

Unos meses más tarde no sabía qué me pasaba, pero decidí que dedicaría una hora a planificar mis próximos diez años, escribiendo lo que quería lograr. Las primeras tres cosas en la lista fueron 1) Sabía que la clave para un gran estilo de vida era ganar dinero mientras dormía (ingreso residual). 2) Acababa de convertirme en papá por primera vez y mi sueño era pasar todo el tiempo que pudiera con mi hijo, por lo que trabajar desde casa era una obligación (aunque no conocía a nadie que trabajara desde casa en ese momento). 3) Como iba a trabajar desde casa, deseaba desesperadamente una CASA DE MIS SUEÑOS.

Tan pronto como escribí esta visión, me enamoré de ella. Se convirtió en mi propósito, y todos los días se reproducía en la película de mi mente varias veces al día.

Aproximadamente ocho semanas después, estaba en mi biblioteca local estudiando tipos de negocios, y un caballero se me acercó y me presentó el mercadeo en red. Hizo un mal trabajo de seguimiento y tardó 30 días en concertar una cita conmigo. Fue la peor presentación de negocios que jamás haya visto. Llegué a casa después de la reunión todavía no impresionado. Una vez más, su seguimiento fue deficiente. Unas semanas más tarde me presentó a su patrocinador ascendente y me invitó a reunirme con él. Su patrocinador ascendente sacó un cheque por $3,500 de ese mes. Este era su quinto mes en el negocio. Ahora si llamó mi atención. Luego me invitaron a un evento de Súper Sábado, y pocos minutos después del comienzo de la reunión, mi cuerpo estaba en llamas de la cabeza a los pies y supe por cada parte de mí mismo que este iba a ser mi vehículo hacia mi SUEÑOS.

Fue entonces cuando aprendí que cuando te enamoras de tu SUEÑO, el universo conspirará para conseguir lo que quieras. La conexión aleatoria de la biblioteca, cuando miro hacia atrás todos estos años después, es algo que manifesté tan pronto como me enamoré de mi SUEÑO.

¿Qué obstáculo (s) has superado desde que comenzaste tu viaje en el MLM?

El principal obstáculo que tuve que superar fui yo mismo. Las creencias que tenía sobre mí mismo crearon obstáculos que dañaron mi autoestima y me comparé con los demás. A través del desarrollo personal todos los días, y actuando en mi negocio todos los días, la consistencia aumentó mi nivel consciente y me di cuenta de que estos pensamientos no eran reales y que estaban programados en mí.

Todos estamos hechos de la misma fuente. Cuando reflexioné sobre esto, me di cuenta de que Dios no hace basura. Me conecté al poder que todos tenemos dentro de nosotros, y esto me hizo imparable.

¿Cuál es el mejor consejo que has recibido desde que te uniste?

A través de mi trayecto de desarrollo personal, que incluye todos los libros que leí, me di cuenta de que toda la sabiduría del mundo se reduce a una sola cosa: somos los dueños de nuestro destino. ¿Recuerdas cuando te enamoraste por primera vez y no tenías que recordarte pensar en esa persona porque siempre estaba jugando en la película de tu mente? Bueno, cuando nos enamoramos de nuestro SUEÑO, que debe ser muy específico, en la perfecta sabiduría de Dios el universo conspira por nosotros hasta que lo manifestamos. Esta es la ley #1 del universo.

¿Por qué crees que todo el mundo debería considerar el MLM como una fuente de ingresos múltiple?

Hace unos años, asistí a un seminario y uno de los oradores era profesor de negocios en la Universidad de Alemania. Sorprendió a la audiencia cuando dijo: "En los próximos veinte años, alrededor del 90% de los trabajos de hoy desaparecerán debido a la tecnología". Todos sabemos que la tecnología creará nuevos puestos de trabajo, pero no sabemos si se mantendrá al día con la cantidad de puestos de trabajo que se pierden. Ya sea que tenga razón o no, hemos visto esta tendencia suceder durante nuestra vida. Tener un plan B en tu vida es solo una planificación financiera inteligente.

Jamie Hawley, CANADÁ

¿Qué te colocó originalmente en una situación en la que deseabas construir tu propio negocio a través de MLM (marketing multinivel)?
Enseñé en la escuela en Canadá, obteniendo muy buenos ingresos, PERO a lo largo de mi carrera realmente quería ser mi propio jefe. Con varios años antes de jubilarme a los 47 años, decidí dejar la docencia para dedicarme a algo por mi cuenta. Tenía una sustancial pensión acumulada y para acceder a parte de ese derecho adquirido moví mi pensión a un lugar donde pudiera acceder a parte de ella. La persona en la que confié toda mi vida demostró ser un ladrón, y robó los $750,000.00. ¡¡Estaba en shock total!!

¿Qué obstáculo (s) has superado desde que comenzaste tu viaje en el MLM?
Debido al robo de mi único activo financiero, terminé teniendo que recurrir a la asistencia social, que eran escasos $400.00 mensuales. Tenía que encontrar una manera de ganar dinero, y cuando Wally Kralik me presentó la oportunidad de investigar una compañía de MLM, aproveché la oportunidad a pesar de no tener experiencia en ventas y ciertamente ninguna en MLM. Durante mis 23 años en la misma empresa he obtenido muy buenos ingresos y he tenido los mejores años de mi vida laboral.

¿Cuál es el mejor consejo que has recibido desde que te uniste?

Wally siempre ejercita la idea de concentrarse en lo que quieres y hacer solo aquellas acciones que te ayudarán a alcanzar tus metas.

Se positivo, coherente y trata esto como un negocio, no como un pasatiempo.

¿Por qué crees que todo el mundo debería considerar el MLM como una fuente de ingresos múltiple?

La palabra clave aquí para mí para enfatizar a cualquiera que esté mirando nuestra industria es "libertad". Especialmente con la línea de productos, el plan de pago y el calendario de mi empresa en el mercado, este es un negocio en el que uno puedes mirar de manera realista cómo obtener ingresos muy sólidos a tiempo parcial. Y para aquellos que están dispuestos a aprender y dedicar tiempo y esfuerzo, un buen ingreso a tiempo completo es muy realista. ¿Por qué no trabajar duro durante 4 a 5 años con una empresa de marketing multinivel en la que crees y lograr una estabilidad financiera en lugar de entregar tu vida a una corporación durante los próximos 39 a 40 años (si tienes la suerte de obtener un buen TRABAJO)? ¿Sólo para que al final te despidan con quizás nada más que una pequeña pensión, demasiado pequeña para hacer las cosas que ahora quieres hacer en tu jubilación?

El mercadeo en red es la única forma de lograr la libertad en sus términos mientras disfrutas de lo que haces.

Keith Hooper,
ESTADOS UNIDOS DE AMÉRICA

¿Qué te colocó originalmente en una situación en la que deseabas construir tu propio negocio a través de MLM (marketing multinivel)?
Tenía más de 140 empleados y no tenía tiempo libre.

¿Qué obstáculo (s) has superado desde que comenzaste tu viaje en el MLM?
No entender cómo alguien puede odiar su vida y aun así no querer mirar al MLM.

¿Cuál es el mejor consejo que has recibido desde que te uniste?
Aprender a aprovechar las líneas ascendentes.

¿Por qué crees que todo el mundo debería considerar el MLM como una fuente de ingresos múltiple?
Los tiempos en los que vivimos son tales que la incertidumbre está a la vuelta de cada esquina.

Patricia Karalash, CANADÁ

¿Qué te colocó originalmente en una situación en la que deseabas construir tu propio negocio a través de MLM (marketing multinivel)?
Soy la hija de un granjero de la pradera. Amo la naturaleza y los animales. Cuando me jubilé después de 33 años como enfermera titulada trabajando en departamentos de cuidados intensivos, nunca imaginé que descubriría un producto que salvaría mi salud. Me sentí realmente bien. Volví a pasear a mis perros por primera vez en dos años. ¡Mis amigos y vecinos querían saber qué pasó y por qué me veía tan bien! Me decían lo mismo que le dije a mi amiga que me presentó el producto que me cambió la vida: "¿Me das un poco?"

Así fue como comencé mi vía rápida hacia la creación de redes y las ventas directas que me han ayudado a cambiar mi vida y la de los demás. Es una extensión natural de mi pasión por ayudar al mundo y hacer aquello para lo que nací.

¿Qué obstáculo (s) has superado desde que comenzaste tu viaje en el MLM?
Aprender a hablar con los demás para que mi información sea significativa y para que puedan tomar decisiones informadas, lo que ha significado clases, cursos y reuniones.

¡Guauu! ¡Mi cerebro se ha expandido!

¿Cuál es el mejor consejo que has recibido desde que te uniste?

Todos deberían considerar el MLM porque eres apoyado por muchos. Obtienes lo que pones, PERO tienes a todo este equipo detrás de ti que QUIERE ayudarte en todo lo que pueda. ¿De cuántos trabajos puedes decir eso? En el MLM me han ayudado personas extraordinarias y talentosas que de otro modo nunca hubiera conocido. Como resultado, he formado relaciones increíbles. Estoy bendecida.

¡Es un mundo emocionante ahí fuera!

Lou Kokkinakos,
ESTADOS UNIDOS DE AMÉRICA

¿Qué te colocó originalmente en una situación en la que deseabas construir tu propio negocio a través de MLM (marketing multinivel)?

La historia de dos amigos. Soy amigo de John Solleder desde hace más de veinte años y lo he visto crear un negocio muy exitoso en mercadeo en red, así como yo he creado un negocio muy exitoso en la industria del entretenimiento. Mientras mi negocio crecía, seguía trabajando más y más días.

Mientras tanto, cada vez que hablaba con John, él estaba en uno de los eventos de sus hijos. Sabía que tenía que empezar a trabajar para crear un ingreso residual con la capacidad de tener la libertad de tiempo que tiene John.

El impulso para finalmente construir esto se produjo cuando llegó el coronavirus. Una vez más, tengo un negocio próspero, pero debido a la emergencia nacional y la situación de distanciamiento social, en 24 horas tuve más de $60 mil en negocios cancelados y no había nada que pudiera hacer al respecto. Fue entonces cuando me di cuenta de que ya no puedo dejar nada al azar; Necesito generar un ingreso residual.

¿Qué obstáculo (s) has superado desde que comenzaste tu viaje en el MLM?

Con mi apretada agenda, encontrar el tiempo para poner esto en marcha y hacer la investigación para aplicar las técnicas de mercadeo que he aprendido en la industria del entretenimiento al MLM.

¿Por qué crees que todo el mundo debería considerar el MLM como una fuente de ingresos múltiple?

En los últimos días, hemos aprendido rápidamente que ya no es lo mismo de siempre. Tantas industrias se han visto afectadas hasta el punto en que, como yo, estamos perdiendo ingresos por un período indefinido y es muy estresante. Crear una fuente de ingresos múltiple proporcionaría en tiempos como estos una póliza de seguro para no batallar y prosperar.

Arlene Lowy,
ESTADOS UNIDOS DE AMÉRICA

¿Qué te colocó originalmente en una situación en la que deseabas construir tu propio negocio a través de MLM (marketing multinivel)?

Cuando tenía veintitantos años, me disgustaba trabajar horas absurdas y desarrollar más negocios para una empresa que me pagaba el mismo salario de $36,000 dólares al año. Por suerte, estaba saliendo con un amigo que tiró una caja en medio de la mesa y me presentó a Herbalife. Me encantó poder crear un ingreso secundario y ayudar a las personas a perder peso y crear dinero adicional. Eso fue todo lo que necesitaba para entrar a la oficina de mi jefe y decir que me voy. Sí, intentaron lanzarme incentivos, pero ya era demasiado tarde. No tenía miedo porque siempre tuve una personalidad agobiada y de tipo A.

Todo lo relacionado con este negocio era tan atractivo para mí, y vi la palabra libertad escrita en mayúsculas. Mirando hacia atrás en los últimos 35 años, tomé la mejor decisión, y ahora, en lugar de quedar paralizada durante una pandemia, soy financieramente sólida y puedo ayudar a otros a superar este momento difícil.

¿Qué obstáculo (s) has superado desde que comenzaste tu viaje en el MLM?

Me convertí en madre soltera al principio del negocio y tuve que aprender a hacer malabarismos con la vida de mi hijo y la mía. Me sentí culpable por no poder asistir a todos sus eventos y realmente me rendí mucho, pero se convirtió en mi mejor alumno. Me vio tener altos niveles de ingresos mientras las empresas se hundían, y más de una vez me vio empezar de nuevo. Yo lo he observado a él tomar lo mejor de mis fortalezas y dispararse en lo que sea que decide participar.

¿Cuál es el mejor consejo que has recibido desde que te uniste?

El mejor consejo es que se trata de una gran industria de la que es asequible formar parte. Puedes comenzar a trabajar a tiempo parcial y crear un ingreso secundario que a veces excede tu ingreso primario. Puedes tocar tantas vidas con excelentes productos y presentarles la libertad financiera. Puedes ser dueño de tu vida y diseñarla de la manera que quieras.

¿Por qué crees que todo el mundo debería considerar el MLM como una fuente de ingresos múltiple?

No hay absolutamente ningún negocio por ahí que sea tan gratificante ayudar a los demás y tener un estilo de vida que brinde libertad sin importar lo que esté sucediendo en el mundo. Para mí era muy importante conocer los ingresos residuales. No me importaba trabajar demasiado para que me pagaran demasiado. Ya había trabajado esas horas para otros. Me encanta que diseño todos los días para mí y mi familia. No respondo a nadie más que a mí misma.

Susy Lozano, MÉXICO

¿Qué te colocó originalmente en una situación en la que deseabas construir tu propio negocio a través de MLM (marketing multinivel)?

En una etapa de mi vida, después de mi divorcio, se me presentaron dos opciones para generar ingresos. La primera era formar parte de una empresa como distribuidora, y la segunda opción era trabajar como empleado detrás de un escritorio y conformarse con un salario. Pensé que era la opción "más segura" ya que me permitiría tener un ingreso mensual fijo. Entonces, elegí esta opción y trabajé en esa empresa, dependiendo de la vicepresidencia durante varios años.

Estaba emocionado porque ganaba experiencia y conocimiento a medida que la empresa crecía y expandía sus fronteras. Sin embargo, pasaron los años y yo seguía en el mismo puesto en mi empresa, detrás del escritorio. Sin embargo, otros avanzaron. Como quería ascender en la vida, esto me ayudó a tomar la decisión de convertirme en emprendedora.

Una de las cosas que noté fue que las personas que se unían al mercadeo en red mejoraban notablemente su liderazgo, sus ingresos y su vida social y familiar. Este fue otro momento decisivo para mí para tomar la decisión de iniciar mi propio negocio. Es cierto que la falta de experiencia en el MLM me causó miedo; sin embargo, no partí de cero, pues ya contaba con los conocimientos que adquirí trabajando como miembro del personal en la mencionada empresa. También tenía la confianza de que las personas que me conocían, y por eso me invitaron a asociarme con ellos en el mercadeo en red. Durante muchos años diría que la decisión de trabajar fue un error. Hoy, gracias a Dios, veo las cosas de otra manera. Agradezco haber trabajado como empleada ya que estaba en un lugar donde aprendí sobre administración, ventas y finanzas, entre otras cosas. También aumentó mi capacidad de análisis, observación y toma de decisiones. Algo muy importante fue conocer a muchas personas que han sido grandes maestras de vida para mí. Por eso, puedo decir que cada decisión que tomamos en la vida, la hacemos pensando que es lo correcto, ya que cada experiencia nos da la oportunidad de aprender, crecer, madurar y mejorar. Hoy sé que no sería la misma sin la experiencia adquirida en mi trabajo como empleada.

¿Qué obstáculo (s) has superado desde que comenzaste tu viaje en el MLM?

Analizando las situaciones que he vivido en el mercadeo en red, puedo decir que no han sido obstáculos, dificultades, barreras o limitaciones. Me considero afortunada y abundantemente bendecida por Dios. La gente me ha honrado con su confianza y ayuda, y tengo un hijo que siempre me ha entendido y apoyado durante las innumerables horas y días en los que tuve que ausentarme para trabajar y darle una mejor calidad de vida.

Tengo que decir que estar fuera de casa por motivos de trabajo ha sido uno de los mayores retos que tengo que vivir, ya que es difícil cumplir con mis obligaciones como madre, hija, hermana y amiga cuando tienes compromisos, metas, y anhelos personales y de un equipo que cree en ti. Sin embargo, pude salir adelante y pasar tiempo con mi hijo, mi familia, mi negocio y mis amigos.

Puedo decir que, en el mercadeo en red, más que obstáculos, he tenido muchos desafíos. Solo por nombrar algunos, te diré que ser emprendedor y tu propio jefe implica aumentar tu responsabilidad y compromiso. Debes hacer crecer tus talentos y desarrollar habilidades de comunicación, gestión, liderazgo y negociación, entre otras.

Otros retos son organizar y aprovechar el tiempo, la actualización constante, la mejora continua, el trabajo en equipo, fortalecer tu red y, sobre todo, no perder tus valores sino mejorarlos. Confía más en ti mismo, tanto en tu negocio como en la empresa que representas y a la que perteneces. Estos valores son el resultado de vivir en coherencia y mejora continua.

¿Cuál es el mejor consejo que has recibido desde que te uniste?

En primer lugar, quiero agradecer a Dios por darme grandes maestros que me han dedicado tiempo.

Estoy convencida de que uno de los mejores consejos que recibí fue creer en mí misma. Debido a que inicié este negocio a los 50 años, lo cual no fue fácil al principio, aprendí que la edad no determina cómo se vive la vida, ni determina el éxito o el fracaso de tus proyectos.

Hoy te daría el mismo consejo. Cree en ti mismo y no olvides tu esencia de ser humano; respeta a cada persona con la que vives; Apoya y ayuda a tus equipos de trabajo, sé un buen ejemplo para ellos. Basa tu trabajo en los valores de fe, confianza, respeto, lealtad, honestidad, solidaridad, armonía y amor.

Trabaja con equilibrio, convicción y coherencia; sé generoso y agradecido. Fortalece tu negocio mientras ayudas a tus asociados a alcanzar sus metas y alcanzar sus sueños. Fíjate metas que te desafíen, entrena y estate abierto al aprendizaje. No pierdas tu sencillez; se feliz y busca que otros lo sean.

Dan McCormick,
ESTADOS UNIDOS DE AMÉRICA

¿Qué te colocó originalmente en una situación en la que deseabas construir tu propio negocio a través de MLM (marketing multinivel)?
Un sueño de libertad. ¡No estaba calificado para hacer nada más después de terminar la universidad!

¿Qué obstáculo (s) has superado desde que comenzaste tu viaje en el MLM?
¡Tristemente inmaduro! Me tomó siete años trabajando en mí todos los días antes de que confiara en el proceso.

¿Cuál es el mejor consejo que has recibido desde que te uniste?
¡Aprender a disfrutar el viaje y abordar todos los días con un interés genuino en ayudar a los demás!

¿Por qué crees que todo el mundo debería considerar el MLM como una fuente de ingresos múltiple?

Bueno, no estoy seguro de que lo haría. Pero si no estás satisfecho, entonces tienes todas las razones para mirar, aprender, ¡saltar! Tienes todas las posibilidades de cambiar tu vida para mejor. Al mismo tiempo que le brindas la oportunidad de servir a los demás, que es la mayor recompensa que podemos obtener.

Jeffrey McTavish, REINO UNIDO

¿Qué te colocó originalmente en una situación en la que deseabas construir tu propio negocio a través de MLM (marketing multinivel)?
Mi exposición original a los productos y oportunidades de MLM se remonta a la década de los 80.

Sin embargo, no puse atención al negocio que se presentó, ya que estaba demasiado ocupado criando una familia joven y tenía un negocio familiar atareado, los cuales tomaban toda mi atención y energía.

Luego, a principios de los 90, me encontré en una situación diferente y conocí a alguien en un entorno de pequeño comercio que tenía una insignia en la solapa que reconocí de los años 80 y pregunté qué representaba. Recuerdo la reunión que siguió y la emoción que estaba unida a ella. Quería ser parte de esta oportunidad; sin embargo, la persona que llevaba esa insignia vivía a muchas, muchas millas de distancia y no me asesoró para aprovechar la oportunidad comercial que se ofrecía. Necesitaba la oportunidad de los ingresos que potencialmente podría darme, así como el crecimiento personal que viene con esta industria.

No estaba listo para escuchar tal llamada. Avanzando varios años ya vivía en una país diferente, mientras me embarcaba en una nueva carrera que iba a ser mi vida futura. Me reincorporé a la misma empresa con la que estaba asociado mientras vivía en un país diferente y traté de "hacer el negocio", pero descubrí que no estaba listo; mi espíritu tenía otras prioridades para mi futuro.

Me gradué en la profesión del verdadero designio al que estaba destinado a ser. En medio de mis estudios había experimentado con varias empresas de venta directa, pero el saco no me quedaba bien. A medida que avanzaba en mi nueva carrera profesional, estuve expuesto a varias empresas de mercadeo en red porque el producto resonaba con quién era yo y lo que hacía para mi sustento. El plan de negocios era secundario.

Todo esto cambió cuando descubrí que los elementos del momento adecuado, el producto adecuado, el entorno adecuado y la necesidad adecuada se volvieron importantes para mi personalidad tanto personal como profesional. Todas las frecuencias de producto, compromiso, ciencia y una visión sensata y sólida para los negocios para generar un ingreso secundario se fusionaron en una empresa que tenía sentido para mí.

¿Qué obstáculo (s) has superado desde que comenzaste tu viaje en el MLM?

Hubo muchos obstáculos en mi experiencia con mi participación en empresas de MLM.

El obstáculo más frecuente que me bloqueó de las muchas oportunidades fue creer en mí mismo; es decir, que podría tener éxito y ser capaz de tener la autoaceptación para merecer el éxito que se ofrecía. Yo diría que el bloque más grande era YO MISMO. Sin embargo, cuando el propósito se encuentra con la oportunidad bajo la apariencia de un producto y negocio que mejoran la forma en que te defines a ti mismo y tus creencias, entonces esa oportunidad y producto / servicio se convierte en un propósito que resuena con quién tú eres. No hay obstáculos, porque la alineación del resultado del producto / servicio se convierte en una extensión de ti y tus valores. El rompecabezas que te ha eludido con muchas piezas diferentes encuentra el ajuste perfecto. La imagen se vuelve clara y ya no eres tú quien retiene la oportunidad ya que ahora eres esa pieza que ayuda a completar la imagen de tu vida para que todos la vean en tu muro de vida.

¿Cuál es el mejor consejo que has recibido desde que te uniste?

Dicen que el estudiante está listo cuando llega el maestro adecuado. El tiempo tiene un plan propio. Se trata de tener oídos para escuchar y estar en un estado de estudiante, listo para aprender y no intentar reinventar la rueda.

KISS— (keep it simple) mantenlo simple y TEAM— (together everyone achieves more) juntos, todos logran más. Estas son las mejores siglas de por vida.

Esto es lo que me tomó 20 años de mi vida escuchar. Mis oídos estaban llenos de ego, terquedad profesional e ignorancia. Una vez que vi a través del velo de esta futilidad y me inyectaron el cerebro con la realidad, el estudiante estaba listo y los maestros adecuados estaban allí en el momento adecuado para que yo los escuchara.

El consejo y la guía de todos nosotros, sin importar tu carrera, es aprender de aquellos que te inspiran, sea cual sea el camino que elijas. Estar abierto a la crítica constructiva y dejar de lado todo ego y todas las ideas preconcebidas de lo que sabes. Siempre hay alguien que sabrá más que tú; simplemente acepta que esto es una realidad y que el camino del conocimiento se abre de un solo carril a una vasta autopista. Combina esto con una ego-ectomía de tu "yo" y el camino te llevarán a muchas riquezas, tanto personales, como espirituales y financieras.

¿Por qué crees que todo el mundo debería considerar el MLM como una fuente de ingresos múltiple?

Se ha formulado la pregunta: "¿Por qué alguien creería o consideraría involucrarse en una aventura de venta directa?"

Según mi experiencia personal, hay muchas, muchas razones para emprender esta aventura empresarial. Para la mayoría de las personas, es un lugar para complementar un ingreso ganado con esfuerzo que a menudo no satisface sus necesidades financieras.

Sin embargo, si sigues este camino con un producto o servicio que no resuena contigo y con tu esencia, finalmente fracasarás. Esto se debe a la importancia de que la oportunidad y tu deseo interior tendrán una vida corta. Antes de que la vela del deseo se encienda, hay muchos destellos de llamas que intentan ser los portadores del encendido. Cuando la llama se encuentre con la mecha, la vela arderá; cuando todos los elementos sean uno y donde no haya viento de censura que engendre dudas sobre uno mismo o ridiculización para apagar la llama, entonces tu faro de determinación innegable llevaría tu negocio, tu producto, a las vidas que toque.

Rolando Rivera Moreno, MÉXICO

¿Qué te colocó originalmente en una situación en la que deseabas construir tu propio negocio a través de MLM (marketing multinivel)?
Una quiebra económica y urgencia por recuperar mi estabilidad.

¿Qué obstáculo (s) has superado desde que comenzaste tu viaje en el MLM?
Tuve dos obstáculos. El primer obstáculo fue no creer en la industria, la empresa y su magnitud. El segundo obstáculo fue el miedo a hablar con personas que no conocía.

¿Cuál es el mejor consejo que has recibido desde que te uniste?
Aprende rápido y sigue instrucciones.

¿Por qué crees que todo el mundo debería considerar el MLM como una fuente de ingresos múltiple?
Porque todo se trata de conectar a personas que necesitan resolver algo con personas o productos que lo resuelven.

Marco Navarro, MÉXICO

¿Qué te colocó originalmente en una situación en la que deseabas construir tu propio negocio a través de MLM (marketing multinivel)?
Definitivamente, lo que me puso en la situación de tomar la decisión de querer algo diferente y llegar al mercadeo en red fue ese deseo ardiente de hacer realidad mis sueños, de vivir bien. Y por supuesto, al estar dentro del negocio, me di cuenta de que podía ayudar a muchos otros. Básicamente, tomé la decisión, como el gran soñador que soy, creyendo fielmente que era la oportunidad que ya estaba esperando para poder vivir distinto y ser libre como lo soy hoy.

Algo más que me llevó a la industria del mercadeo en red fue esa búsqueda de mi libertad financiera, debido a una situación a la edad de treinta y cinco años de edad, en la que yo no me quería ver a los setenta o más, si es que los vivía: en condiciones precarias, cargando cartón o con la mano estirada pidiendo limosna, porque mi situación económica no era de calidad, ya que mis estudios eran solamente la escuela primaria y porque mi oficio era la de carpintero. Yo sabía que, si continuaba con mis creencias y el estilo de vida que tenía, mi vida terminaría muy mal.

¿Qué obstáculo (s) has superado desde que comenzaste tu viaje en el MLM?

El primero fue darme cuenta de que TODO dependía de mí. Ese éxito no se trata solo de alta calidad o de la empresa o de un buen socio. No se trata solo de un buen producto o un buen plan de compensación. Se trata principalmente de las decisiones que se toman, en la determinación y carácter que se forja para salir adelante, encontrarse uno mismo y confrontarse. Los retos más importantes son precisamente darme cuenta de que tenía que seguir un sistema, que tenía que ser enseñable. Eso me costó trabajo. Romper con la soberbia y la arrogancia de creer que lo sabía todo, cuando en realidad no sabía nada. En su momento, aprendí que el mercadeo en red es una profesión y que la tenía que hacer de una manera profesional. Aprendí que tenía que dejarme enseñar por los demás. Para qué hablarte de que mucha gente me decía que no. Por supuesto, con un poco de perseverancia, creyendo en uno mismo y defendiendo los sueños, se puede superar eso. Esa es la parte cotidiana. El aprender a recibir los NO. Eso no fue un problema para mí, porque cuando me decidí, no importaron esos NO. Lo que me importaba eran mis sueños, y con lo que me encontré era que tenía que educar a Marco, tenía que formarlo, tenía que desarrollarlo y ayudarle a descubrir de qué era capaz. El reto más importante fue creer en mí.

¿Cuál es el mejor consejo que has recibido desde que te uniste?

Uno en especial o decir el mejor, creo que no lo tengo. Son muchos en el camino que han sido fundamentales y con la misma importancia. El primero fue que mi patrocinador, Javier Rayas, me dio un libro y me dijo: "Ponte a leer". Eso significaba: "Prepárate". Cuando yo le dije: "Quiero ser líder", él me dio un libro y me dijo:

"Lee el primer capítulo" y me dio una segunda lección, porque me dijo: "Prepara un tema con él y tú vas a dar la capacitación".

Así que para mí fueron dos mensajes muy poderosos: Uno, fórmate, edúcate y el otro, llévalo a la práctica, no te lo guardes. He entendido que el conocimiento es basura cuando nada más lo acumulamos sin ponerle acción. Es como la fe, que muchos piensan que es creer y nada más. No. Creer es creer y punto. Es tener la esperanza de algo sin hacer nada. Y todo el mundo cree, pero no todos tienen fe. Para mí es muy claro. La fe es la certeza de lo que va a suceder, pero va más allá. Por ahí dice en el libro de Santiago que la fe sin obras no es fe. Así que entendí que la fe debe de ir acompañada de las acciones, de ser coherente, predicar con el ejemplo, de ir hacia adelante. Y esas cosas son las más valiosas o las que han sido cimiento fundamental para mi éxito.

¿Por qué crees que todo el mundo debería considerar el MLM como una fuente de ingresos múltiple?

¿Considerar las redes de mercadeo como una opción? Creo que estamos equivocados. ¡NO ES UNA OPCIÓN! Las redes de mercadeo hoy son una realidad. Son una necesidad urgente y simplemente quiero transmitir lo que yo tengo como concepto de redes de mercadeo. No se trata más que de conectar personas y ayudarles a descubrirse como personas que tienen derecho a vivir la prosperidad y la libertad. Somos seres humanos libres a quienes la profesión del mercadeo en red nos permite, precisamente, tomar decisiones, hacerlo cuando queremos, como queremos y en donde queremos. Pero lo más importante es entender que NO ES UNA OPCIÓN. Es una urgente necesidad. No sé si quieran esperar a que lo tengan que hacer por obligación, porque ya no tienen más opciones, ya que ahorita parece que tienen una aparente ventaja de elegir un empleo.

Pero hoy más que nunca estamos conscientes de que los empleos van a desaparecer y que están desapareciendo por millones después de la situación que estamos viviendo y que la única manera de obtener ingresos es muy simple.

¿Por qué el mercadeo en red? Porque es hacer una sociedad con los grandes, y al asociarse con los grandes y al aprender de ellos, definitivamente vas a tener éxito. ¡No hay más! Cualquier cosa que te diga, yo sé que ya lo han repetido. Pero para mí no es una opción. Es la mejor oportunidad que existe para ser libre y descubrir al ser humano que eres.

David Ogunnaike, también conocido como Super Dave, CANADÁ

¿Qué te colocó originalmente en una situación en la que deseabas construir tu propio negocio a través de MLM (marketing multinivel)?
Tenía una deuda de casi $100.000 y finalmente había decidido que no podía continuar solo con el trabajo en el que estaba trabajando porque nunca me ayudaría a ponerme al día con mis facturas y gastos.

Además, la mitad de mi deuda estaba firmada conjuntamente con mi madre y ella quería jubilarse, y no podía mientras tuviera esta deuda sobre ella.

Así que ese fue el impulso que me hizo tomar en serio la construcción de mi negocio de MLM.

¿Qué obstáculo (s) has superado desde que comenzaste tu viaje en el MLM?
¿Cuántos quieres? :-)

- Primero, los miembros de la familia no siempre te apoyarán tanto como te gustaría.
- Los prospectos te dirán lo que quieres escuchar, pero no cumplirán o se unirán al programa de protección de testigos.

- Conducir más de 8 horas para encontrarte con un cliente potencial y no se presenta o volar para lanzar una ciudad y la persona principal que te invitó cancela después de aterrizar en el aeropuerto.
- Los dueños de empresas dejan de pagarme mi comisión.
- Las empresas simplemente cierran.

¿Cuál es el mejor consejo que has recibido desde que te uniste?

El mejor consejo que recibí fue siempre permanecer en el número 5, independientemente de lo que alguien diga o de lo que esté sucediendo a tu alrededor.

Por ejemplo, cuando conoces a un cliente potencial y te dice que está muy emocionado y que será tu líder más importante. Son un 10 en una escala del 1 al 10. Solo te quedas en un 5.

Y al día siguiente, cuando los llamas para comenzar, dicen que hablaron con su cuñado quebrado y que ahora no están interesados. Así que ahora son un 0 en la escala del 1 al 10 (ni siquiera llegan al 1). ¿Adivina qué? Te quedas en un 5.

De esta manera, puedes controlar tus emociones y no te dejas influir fácilmente en un sentido u otro.

¿Por qué crees que todo el mundo debería considerar el MLM como una fuente de ingresos múltiple?

Creo que hoy es más fácil que nunca involucrarse en una empresa de MLM.

Es la forma más sencilla para que alguien pueda comenzar con un negocio desde casa.

Además, si te asocias con el líder y la compañía adecuados, tendrás acceso a capacitación y habilidades que deberían convertirte en una mejor persona en todo lo que haces en la vida.

La mayoría de las personas que ingresan por dinero con MLM, y aquellas que se comprometen, aprenden y crecen descubren que hacen ese dinero extra, pero también pueden aumentar sus ingresos en cualquier otra cosa en la que estén involucradas.

Miriam Pfeil, REINO UNIDO

¿Qué te colocó originalmente en una situación en la que deseabas construir tu propio negocio a través de MLM (marketing multinivel)?
En 2016, trabajaba para el Servicio de Ambulancias de Londres como técnico médico de emergencia. Este trabajo fue la carrera de mis sueños y me tomó mucho tiempo, trabajo duro y compromiso para llegar allí. Hasta este punto, vivía un estilo de vida muy estresante y poco saludable haciendo trabajo por turnos, siendo estudiante y madre soltera. Lamentablemente, tuve que sacrificar el sueño, y esto finalmente provocó un fuerte ataque epiléptico que me despertó a la realidad el 26 de diciembre de 2016.

¡Mi vida entera cambió! Mi sueño de convertirme en paramédico se rompió en cuatro minutos. A partir de ese día, mi carrera como técnico médico de emergencia se transformó en administración de oficinas. Tuve que someterme a muchas citas en el hospital y pruebas para descubrir qué provocó que mi cerebro tuviera una convulsión.

Mientras tanto, me sacaron del trabajo de ambulancia y no se me permitió conducir automóviles normales o ambulancias de emergencia porque el riesgo de tener más convulsiones era extremadamente alto. Tuve que devolver mi licencia de conducir a la DVLA, lo que significaba que tenía que depender del transporte público para todo. Vivía en Horsham y mi empleador estaba en New Malden, Londres. Hablando de un mal día en la oficina.

En ese momento, yo era un estudiante de tiempo completo y trabajaba como madre soltera sin ningún apoyo de los padres, abuelos o el padre de mi hijo, que tenía 8 años en ese momento. Mi camino al trabajo cambió de 50 minutos en automóvil a 2 horas en tren. Eso es un viaje diario de 4 horas de lunes a viernes, 8 horas de trabajo de oficina, que no me interesaba en absoluto, y un enorme recorte salarial, además de gastar 350 libras más en viajes en tren por mi tarjeta Oyster. ¡Que broma! Terminé gastando más dinero en viajes y cuidados del niño de lo que realmente ganaba, además estaba muy frustrada por el hecho de no poder continuar con mi carrera de paramédico.

Seis meses después recibí la noticia del hospital con el diagnóstico de epilepsia severa. Cuando tuve la consulta con mi neurólogo, me recomendó que tomara medicamentos fuertes para ayudar a eliminar futuras convulsiones. Me dijo que mi segundo EEG se veía muy anormal y que la probabilidad de tener más convulsiones era muy alta. Rechacé la medicación porque sabía que nunca más podría conducir un automóvil. La noticia fue un verdadero shock para mí, y todo mi sueño de convertirme en paramédico estalló cuando leí el correo electrónico y me encontré con mi médico. ¿Cómo podría ser epiléptico después de tener solo una gran convulsión? Entonces lo recordé. Cuando tenía 14 años, tenía electrodos de un EEG en la cabeza. Entonces debí haber tenido un ataque. Afortunadamente, no puedo recordar cuándo los tengo. Estoy inconsciente.

El NHS (Sistema Nacional de Salud) y mi jefe me apoyaron mucho y crearon esta nueva función de oficina para mí, que asumí durante 9 meses. El viaje y el costo adicional hicieron que para mí y mi hijo fuera realmente difícil mantenernos la vida. Estaba peor que antes y realmente infeliz. Sabía que tenía que esperar un mínimo de 5 años hasta que pudiera obtener mi licencia de conducir C1 y un año hasta que recuperara mi licencia de conducir regular, siempre que no tuviera convulsiones. No había ninguna garantía de que todavía pudiera convertirme en paramédico. Estaba arruinada y perdida. Después de muchas noches de insomnio de averiguar cuál sería la mejor solución, decidí comenzar mi propio negocio de atención plena desde casa y dejé el Servicio de Ambulancia en octubre de 2017.

Entonces eso es lo que hice. Sentí un gran alivio y supe que había tomado la decisión correcta. Quería pasar más tiempo con mi hijo, sentirme mejor, vivir una vida más plena y, lo más importante, quería que ambos fuéramos felices. Empecé a trabajar en mí misma. Seguí cursos, practiqué la atención plena en forma de meditación casi todos los días, comencé mis propias clases de meditación y un círculo de desarrollo psíquico, cambié mi patrón de sueño, comí mejor, eliminé las toxinas de mi dieta y también eliminé las relaciones tóxicas. La vida volvía a ser buena.

Creé un nuevo tablero de visión de lo que realmente quería. ¡Una de las cosas más importantes que quería era un cerebro sano! Además de un trabajo increíble que me permitiera trabajar a tiempo parcial desde casa, ganar una cantidad infinita de dinero, una relación verdaderamente feliz y maravillosa con mi alma gemela, más hijos, una casa en la playa, viajes por todo el mundo para mi nueva familia ... la lista aún continúa.

Sabía que podía reinventar toda mi vida tomando decisiones y tomando las acciones correctas en función de los deseos de mi corazón. Entonces sucedió. El hombre de mi tablero de visión llamó a mi puerta, literalmente. Tenía una cita conmigo. Para hacer el cuento corto, instantáneamente nos hicimos amigos, y en cuatro semanas esta se convirtió en la relación más hermosa. Era un caballero de buen tono, padre de tres hermosas niñas, quiropráctico, musical, educado y con un espíritu tan afín. Me hizo reír, no llorar. ¡Qué bonificación! Uno de mis mayores sueños se hizo realidad. ¡Luego me presentó un producto maravilloso y una oportunidad de MLM!

¿Qué obstáculo (s) has superado desde que comenzaste tu viaje en el MLM?
¡Negatividad e incredulidad!

Cuando comencé a compartir el producto con frecuencia, conocí a muchas personas abiertas y de mentalidad positiva, así como todo lo contrario. Aprendí rápidamente que necesitaba dejar de convencer a las personas con una actitud negativa y una mentalidad cerrada hacia el producto o su modelo de negocio. Me di cuenta de que podía elegir con quién quería trabajar, así que comencé a buscar activamente personas positivas e impulsadas que quisieran saber todo sobre el producto y su potencial. Personas con un sueño y pasión por construir un negocio exitoso lleno de personas felices y motivadas.

Otro obstáculo fue el hecho de que la gente confunde el MLM y los sistemas piramidales. Toda persona que trabaja para alguien está teóricamente involucrada en un sistema de ventas piramidal.

¿Cuál es el mejor consejo que has recibido desde que te uniste?
¡A la gente le gustan las cosas simples! ¡Mantenlo simple! No los abrumes con demasiada información, ya que comenzarán a apagarse a la mitad de la conversación y, finalmente, huirán porque piensan que debe haber algo sospechoso. No estamos aquí para

convencer a la gente; estamos aquí para ayudar a las personas con sus asuntos físicos, mentales y espirituales. Estamos aquí para ayudarlos a crear un mejor estilo de vida.

¿Por qué crees que todo el mundo debería considerar el MLM como una fuente de ingresos múltiple?

Porque este tipo de negocio puede generar libertad en todos los niveles una vez que te estableces. Puedes ganar una cantidad infinita de dinero si lo deseas. Puedes elegir con quién estás trabajando y dónde te gustaría trabajar. Puedes viajar y llevar el negocio a donde quieras y tan lejos como quieras. No existen limitaciones, aparte de las que establezcas para ti y los demás. Tu eres el jefe y puedes trabajar en ello cuando lo desees.

Es una de las formas más convenientes de obtener ingresos sostenibles.

Carissa Rogers,
ESTADOS UNIDOS DE AMÉRICA

¿Qué te colocó originalmente en una situación en la que deseabas construir tu propio negocio a través de MLM (marketing multinivel)?
Curiosamente, comencé queriendo cubrir el pago de mi auto. Obtuve la aprobación para un automóvil que realmente no podía pagar. Rápidamente me di cuenta de que podía (más que) reemplazar mis ingresos de mis nueve a cinco y convertirlos en una carrera lucrativa. Fue entonces cuando toqué fondo y DESPERTÉ. Me encontré trabajando los siete días de la semana: jornadas de 8 a 10 horas, ni feliz ni satisfecha, y todavía estaba arruinada. Llevé a mis tres hijos pequeños a la tienda y, mientras estaba allí, revisé mi cuenta bancaria. Fue entonces cuando me di cuenta de que iba a tener que elegir entre comprar leche para mis dos niños pequeños o cereales para mi hijo mayor. Esa noche fui a casa y lloré durante horas y oré. Recé mucho. Esa semana, la oportunidad perfecta y el mentor llegaron a mi vida, cambiándome la vida para siempre. Si bien fue difícil en ese momento, probablemente fue lo mejor que me pudo pasar, porque mi vida nunca se vio igual y estoy muy agradecida.

¿Qué obstáculo (s) has superado desde que comenzaste tu viaje en el MLM?

Sin importarme lo que otros piensen de mí. Luché mucho con esto al principio. Lo que aprendí es que te juzgarán de todos modos, por lo que es mejor que te metas y vayas por tus sueños. Quería libertad de tiempo, libertad financiera y criar a mis propios hijos. No podía preocuparme por lo que pensaran de mí. Si lo hiciera, mis sueños nunca se habrían hecho realidad.

¿Cuál es el mejor consejo que has recibido desde que te uniste?

El mejor consejo que he recibido que realmente se me ha quedado grabado ... es ser fácil de entrenar. Si alguien tiene lo que quieres, escúchalo Y aplica lo que aprendes. Además, no estar apegada al resultado. Tu mejor amigo de veinte años o tu tía Sally pueden pensar que lo que estás haciendo es una locura o puede que no te apruebe ni a ti ni a esta nueva vida. ¿A quién le importa? Alguien lo hará. Y se unirán a ti. Es posible que tu mercado caliente no sea el que te ayude a alcanzar tus sueños, pero simplemente continúa. Los encontrarás siempre y cuando NUNCA te rindas.

¿Por qué crees que todo el mundo debería considerar el MLM como una fuente de ingresos múltiple?

El MLM es una industria hermosa cuando encuentras los productos, el plan de compensación y la cultura adecuados, y las personas. Los ingresos residuales son algo hermoso. Por mi parte, me di cuenta de que necesitaba ganar dinero mientras dormía, o estaría trabajando hasta el día de mi muerte. Elegí no cambiar mi tiempo por dinero, sino aprovechar mi tiempo y mi gente. Cuando aprendí esto a la edad de 35 años, todo mi mundo cambió. Y el futuro nunca se ha visto tan brillante.

Mariluz Sánchez, USA

¿Qué te colocó originalmente en una situación en la que deseabas construir tu propio negocio a través de MLM (marketing multinivel)?

Comenzar una familia era importante para mí y para mi esposo y cuidar a mis bebés era una prioridad. Eso significó sacrificar un trabajo bien pagado en los años 90, simplificar nuestras vidas y mudarnos a un apartamento más pequeño con un alquiler que pudiéramos pagar. Teníamos todas nuestras necesidades básicas cubiertas, pero no teníamos ahorros ni dinero de emergencia. Si teníamos que arreglar nuestro coche o surgía una emergencia inesperada, eso significaba retrasar el pago de nuestras cuentas. Eso significó más complicaciones, porque tendríamos que pagar cargos por demora. Si no teníamos cuidado, iba a ser "pedir prestado a Pedro para pagar a Pablo".

Fue entonces cuando supimos que necesitábamos un ingreso extra. Estábamos buscando algo que no interfiriera con nuestro objetivo principal, que mamá se quedara en casa, cuidara a su bebé, pero que pudiéramos tener esos $200 a $500 adicionales al mes que podrían cubrir los gastos extra.

¿Qué obstáculo (s) has superado desde que comenzaste tu viaje en el MLM?

Al comienzo de mi viaje con el MLM, la parte más difícil fue lidiar con el rechazo. El mercado frío me aterraba. Era joven y no tenía experiencia en la industria. Recuerdo haber hecho una lista de personas a las que quería acercarme. Había una señora que tenía un coche caro. Me sonreía cada vez que nos encontrábamos en el mercado o en el parque. Pensé que me estaba calentando con ella a pesar de que nunca habíamos tenido una conversación. Y el día que finalmente tuve el valor de acercarme a ella, en lugar de iniciar una amistad, la vi con un signo de $. Simplemente le salté con un folleto en la mano. Me sorprendió con el NO más fuerte que he escuchado en mi vida. Se apresuró a regresar a su auto y nunca volvió a sonreírme.

Ahora pienso en esto y solo puedo mirar hacia atrás y reírme de mi inexperiencia. Lloré un poco y me sentí una perdedora por un día. Pero comprendí de inmediato mi error. Este fue solo el comienzo de un proceso de aprendizaje que me ayudaría a convertirme en una futura líder.

¿Cuál es el mejor consejo que has recibido desde que te uniste?

SEGUIR LA REGLA DE ORO SIEMPRE SERÁ UNA DIRECTRIZ POSITIVA.

Aplicar la regla de oro significa centrar tu atención en los demás, buscar ocasiones para hacer el bien a quienes te rodean. También significa ser extrovertido y sincero, interesarte personalmente por los demás.

¿Por qué crees que todo el mundo debería considerar el MLM como una fuente de ingresos múltiple?
Se ha demostrado una y otra vez que incluso en tiempos de recesión, el MLM ha salido adelante. El MLM para nuestra familia ha significado libertad para hacer las cosas que amamos. Tomarse el tiempo para cuidar a un ser querido y seguir recibiendo un cheque de pago por correo. Significó conseguir un coche gratis mientras estaba en un hospital luchando contra el cáncer mientras esperaba a un bebé. Ha significado poner comida en nuestra mesa incluso en tiempos de problemas económicos. Fue escuela para mis tres hijos. Y le ha dado a nuestra familia la oportunidad de conocer a muchas personas maravillosas a las que estamos orgullosos de llamar a nuestros amigos, y algunos, incluso a nuestra familia.

Gian-Carlo Torres,
ESTADOS UNIDOS DE AMÉRICA

¿Qué te colocó originalmente en una situación en la que deseabas construir tu propio negocio a través de MLM (marketing multinivel)?
¡Tenía 19 años y estaba QUEBRADO! Convertirme en emprendedor siempre fue un sueño para mí, y cuando me gradué de la escuela secundaria, tener un negocio era una meta. Ahora, había dos desafíos. El primer desafío era que NO tenía dinero para empezar. El segundo desafío era que NO TENÍA IDEA de cómo empezar. Entonces, cuando me expuse por primera vez al MLM y entendí que solo tenía que invertir un par de cientos de dólares para comenzar, sin los dolores de cabeza que tiene un emprendedor normal, ¡fue un GANAR-GANAR!

¿Qué obstáculo (s) has superado desde que comenzaste tu viaje en el MLM?
Un gran obstáculo que he superado ha sido LIDIAR CON MIS EMOCIONES. El espíritu empresarial puede ser un trayecto muy emocional, por lo que al principio reaccionaba emocionalmente a todo. Si alguien decía SÍ a mi negocio, yo era el chico más feliz de la semana. Si alguien decía NO, era el chico más triste de la semana. Esto no fue algo bueno, porque mis emociones estaban

tan involucradas en todo que no era consistente. Cuando comencé a controlar mis emociones, todo comenzó a cambiar, porque la forma en que comencé a REACCIONAR a los problemas comenzó a cambiar.

¿Cuál es el mejor consejo que has recibido desde que te uniste?
¡Ver al FRACASO como un amigo! Como todo lo veía como una situación de ganar-perder, fracasar en algo en los negocios era algo horrible para mí. Una vez que REALMENTE aprendí que el fracaso es un amigo y que la meta es que yo aprendiera de él, entonces fue cuando comencé a "fallar hacia adelante".

¿Por qué crees que todo el mundo debería considerar el MLM como una fuente de ingresos múltiple?
¡Porque no hay una mejor oportunidad de fuentes de ingresos múltiples! Hoy en día, mucha gente consideraría a Uber / Lyft como una fuente múltiple de ingresos. Si bien no son malas opciones, debes preguntarte: ¿te da influencia? ¿Eres parte de una misión importante mientras llevas a otras personas? ¿Puedes ayudarlo a obtener ingresos completos a tiempo parcial? Solo el MLM tiene estos beneficios. Lo mejor de todo es que el MLM es realmente divertido.

Mark Zuckerbrod,
ESTADOS UNIDOS DE AMÉRICA

¿Qué te colocó originalmente en una situación en la que deseabas construir tu propio negocio a través de MLM (marketing multinivel)?
Mi mayor motivación fue que no quería trabajar para otra persona. Estaba dispuesto a trabajar muy duro, pero odiaba que me dijeran qué hacer o que tenía que estar en un lugar determinado a una hora determinada y hacer lo que me decía un jefe. Ese deseo de libertad de tiempo y libertad financiera realmente me impulsó. Comencé en este tipo de negocio a los 23 años y me ha dado la libertad de poseer y administrar mi propia vida, lo cual ha sido tan valioso como el éxito financiero significativo que mi esposa y yo hemos tenido.

¿Qué obstáculo (s) has superado desde que comenzaste tu viaje en el MLM?
Han habido muchos a lo largo de los años, y el primer paso más importante fue aprender a aceptar que cuando alguien no estaba interesado en mi producto o mi negocio, realmente no tenía nada que ver conmigo. Además, en los primeros días nos ocupábamos de tantos problemas de envío, problemas de inventario, tener que comprar todo por caja y distribuirlo a nuestros clientes y equipo, etc. Tenías que estar en un cierto nivel incluso para comprar

directamente a la empresa. No había envío directo o envío automático a personas individuales, por lo que todo era mucho más difícil y requería más tiempo. Esos problemas ya no deberían existir más, pero esos primeros obstáculos nos hicieron mucho más fuertes.

¿Cuál es el mejor consejo que has recibido desde que te uniste?
He recibido algunos buenos consejos a lo largo de los años. Probablemente lo más importante es no dejar que alguien que te dice NO te desanime. Esto puede ser difícil de hacer, pero si lo miras con una visión general y a largo plazo, se vuelve mucho más fácil. Además, aprendí desde el principio a no tomar el NO como algo personal. Es muy raro que alguien diga que no por tu culpa. Sucede, pero es muy raro. Solo veo que su NO significa que no es el adecuado para ellos en ese momento, y eso lo hace mucho más fácil. El tercer consejo importante que recibí fue que se necesita mucho trabajo y dedicación para convertir esto en un negocio de tiempo completo. Por lo tanto, tenía que estar dispuesto a pasar por las frustraciones y los altibajos de cualquier negocio y continuar hasta que tuviera éxito.

¿Por qué crees que todo el mundo debería considerar el MLM como una fuente de ingresos múltiple?
No creo que todo el mundo deba considerar al MLM como una fuente múltiple de ingresos, porque no es ideal para todas las personalidades. Sé que ser contador no encajaría con mi personalidad, pero funciona para otros. Dicho esto, cualquiera que esté dispuesto y le guste hablar con la gente definitivamente debería considerarlo como una posible opción y una forma de diversificar sus ingresos y no solo depender de su trabajo o negocio actual.

No Importa por Dónde Comiences
Por Mari Santo-Domingo, PUERTO RICO

¿Alguna vez has sentido que todo lo que te rodea no funciona a tu favor? ¿Alguna vez te has preguntado por qué estás donde estás hoy? ¿Te has preguntado alguna vez si has sido el autor de tu propia caída?

Toda mi vida cabía en dos maletas, y mientras esperaba un taxi en el aeropuerto de Puerto Rico, pensaba, *está bien, Mari. Aquí estás, de vuelta a casa, sin nada. ¿Qué vas a hacer ahora? ¿Por dónde vas a empezar?* Suspirando profundamente mientras miraba hacia el cielo azul, el sol caía sobre mí, miré mi reloj e hice un balance de cómo había llegado a estar aquí.

Crecí en un pequeño pueblo de la isla de Puerto Rico, y es muy interesante cómo piensas y te comportas cuando eres isleño. Crees que eres el centro del mundo y, a veces, puedes comportarte como tal. No es hasta que dejas la isla que te darás cuenta de que el mundo es tan grande como tu realidad. Salí de la isla en 1985 buscando un cambio, mejores oportunidades, un mejor estilo de vida—¡el sueño americano!

Yo era una adicta al trabajo competitivo; No tenía límites y amaba los desafíos. Tenía muchas puertas cerradas en mi cara, pero siempre me repetía el consejo que me había dado mi abuelo: "Mari, si sabes tocar puertas, si sabes ser visible, lo que parece imposible saldrá a la luz; no importa por dónde empieces ni de dónde vengas".

Comencé un negocio de consultoría de imagen con una amiga en Miami, y lo estábamos haciendo muy bien, en camino de convertirnos en un gran éxito—hasta que un día, ella me dijo que tendría que retirarse. Tal como estaban las cosas, no podía pagar los costos de la oficina por mi cuenta y, poco después de que mi socia se fuera, me vi obligada a cerrar el negocio para siempre.

Con el negocio acabado, no tenía ninguna fuente de ingresos. Empecé a buscar UN TRABAJO; mientras tanto tuve que recurrir a vivir de mis tarjetas de crédito. En aquellos días, no conocía nada mejor—para mí, una billetera llena de tarjetas de crédito y tarjetas de tienda para cada establecimiento era como una tarjeta de presentación de estatus. Significaba que estaba bien, que lo estaba haciendo bien y que estaba *mejor*. Hay consecuencias en cada decisión: lo sabía entonces, pero ¿qué otra opción tenía?

En tres meses, lo había perdido todo. No solo mi negocio y mi puntaje crediticio perfecto, sino también mi confianza y autoestima. Afortunadamente, tenía una amiga con un apartamento que no estaba usando y que amablemente se ofreció a dejarme usarlo. Entré en su estudio de 60 metros cuadrados de eficiencia con dos mentalidades: por un lado, estaba agradecida de no estar completamente sin hogar, de tener un techo sobre mi cabeza y una cama para dormir. Por otro lado, estaba en la ruina financiera y no tenía idea de cómo hacer para reconstruir los jirones de mi vida.

Tuve la suerte de tener gente a mi alrededor que se preocupaba, y una amiga en particular se aseguró de llamarme casi todos los días para ver cómo me estaba yendo. Ella me tomaba de la mano y me permitía estar en un espacio donde no estaba pensando hacia mí misma, *Mari, estás sola*. Fue otra amiga quien me presentó la industria de MLM, una industria que me brindó las herramientas y los sistemas probados para construir un negocio desde casa. También fue esta amiga quien finalmente me dijo que tenía que enfrentar los hechos de mi situación tal como estaba en ese momento.

Cuando se enteró de que solo tenía dinero para pizza, hojuelas de maíz y Coca-Cola, me miró a los ojos y me dijo: "Mari, tienes que volver a casa".

Siempre había estado tan segura, tan completamente segura de que no volvería con mis padres en Puerto Rico, pero en ese momento realmente no me quedaba otra opción. Por supuesto, no era como si pudiera sacar de la nada el dinero para un boleto de avión, y sabiendo que mis padres estaban pasando por grandes dificultades financieras en ese momento, estaba resueltamente en contra de pedirles el dinero. Afortunadamente, un amigo de la universidad me prestó el dinero.

Durante mis primeras semanas de regreso, me tomé el tiempo para considerar qué era lo que realmente quería de la vida. En todos los trabajos que había tenido desde que me fui de casa, comencé desde abajo y me abrí camino hasta la cima. Cuando tengas una gran necesidad, el mundo no necesita saberlo—solicitar un papel de "cameo" en la película de tu vida no te matará, pero quedarte como "cameo" sí lo hará. En mi primer trabajo solicité ser recepcionista y seis meses después ya era gerente de ventas. Aprendí que, al trabajar en la recepción, conocías a todos y tendrías la oportunidad de estudiar todos los departamentos y hacer las conexiones correctas para seguir adelante.

Incluso con este nivel de éxito, siempre parecía haber algo que faltaba, algo que nunca hacía "clic". Fue estar de nuevo con mis padres, que eran empresarios y tenían su propio negocio desde hacía 25 años en este momento, lo que ayudó a encajar en su lugar la última pieza del rompecabezas. Cuando me di cuenta, me reí a carcajadas—¡debería haber sido tan obvio! Siempre quise ser conocida, admirada y recordada —nunca fui alguien que se alegrara de conformarse con la mediocridad— pero nunca había podido decidirme por una carrera.

Me di cuenta de que estaba destinada a ser una emprendedora, no una empleada. La industria del MLM te permite tener tu propio negocio en todo el mundo.

Esta fue la llamada de atención más fuerte. Necesitaba un gran ajuste de actitud: volvía al punto de partida, comenzaba completamente de cero, y tenía que convertirme en una observadora de la incómoda situación que estaba enfrentando para ver todo con claridad. Tuve que dar un paso atrás y decir: "No quiero estar a merced de nadie ni de nada nunca más".

No hay nada como una mala experiencia para desanimarte de un curso de acción en particular, pero la opción que te niegas a considerar en base a una experiencia pasada a menudo puede ser la más rentable. Decir "No volveré a hacer eso" o "No volveré a casa", simplemente porque las cosas no funcionaron como esperabas, simplemente sesga tu visión y te hace menos capaz de reconocer una oportunidad cuando se presenta... Lo había tenido todo y lo había perdido todo—ahora, tenía que reformarme por completo: tenía que desarrollar mi carácter, dejar la mezquindad y mi confianza en la imagen que tenía de mí misma, entrenar mi mente y escuchar y disfrutar mi vida.

De repente, la industria del MLM parecía el faro que iluminaba mi camino. Me permitió estar expuesta a entrenadores, entrenadores y mentores—personas que lo habían hecho antes y que podían mostrarme el camino. Pero primero, me di cuenta, que tenía que empezar a llamar a esas puertas de nuevo. Tuve que aprender todo lo que pude de las personas a las que obtuve acceso al ser visible y asimilarlo todo, para no tener que reinventar la rueda.

Se necesitó disciplina para conquistar las voces molestas en mi mente: era demasiado crítica, siempre pensaba que todo tenía que ser perfecto, pero aprendí a aceptar mis imperfecciones. Les Brown dijo una vez: "El hecho de que no lo veas no significa que no vaya a venir", y finalmente entendí que algunos problemas no se resolverán—solo se sobrevivirán. Para sobrevivir a los problemas, al menos tenía que estar presente y ser visible para ellos y aprender de cada experiencia.

La acción debe seguir al aprendizaje, y después de mi revés y experiencias en Miami, tomé todo lo que había aprendido de mis mentores y entrenadores y lo puse en práctica. Me instalé en casa, me casé con mi alma gemela, Miguel—quien también ha sido mi socio comercial durante 27 años—y juntos construimos un negocio desde casa multimillonario, rompimos los récords de ventas y reclutamiento de la compañía, y también ayudamos a varias compañías a lanzar su línea de productos, programas y/o sistemas al mercado hispano no solo en la isla sino también en el continente.

Todo empezará no solo contigo, sino con tu capacidad de presentarte y ser visible en tu liderazgo. Es posible que un negocio desde casa no sea para todos, pero *cualquiera* puede aprender las habilidades y disciplinas para desarrollar uno que sea sostenible y rentable. Tienes que destacar, ser diferente, digno de mención e inolvidable—estas son cualidades que necesitas para no solo tocar todas las puertas que puedas, sino también para evitar que esas puertas se te cierren.

Cuando me concentré en lo que necesitaba, lo que no tenía, lo que me faltaba, todo se detuvo. Pero en el momento en que comencé a pensar y a elaborar estrategias sobre cómo bendecir a los demás, ayudarlos y servirlos, construirlos y empoderarlos, el teléfono comenzó a sonar. Referencias, prospectos, nuevos programas, nuevas oportunidades, nuevas propuestas y acuerdos estaban a la vuelta de la esquina.

Nunca sabrás lo que hay al otro lado de la puerta, pero en lugar de tenerle miedo, abraza lo desconocido. Asume y no tengas miedo al fracaso—tu afán por asumir riesgos, la incertidumbre, respaldado por una preparación minuciosa, te motivará a ti y a quienes te rodean para ayudarte a elevarte y hacerte visible en la vida y el liderazgo. La pregunta no debería ser: "¿Cuándo dejo de tocar puertas?" La pregunta debería ser: "¿Qué pasa si la puerta de al lado es la única?"

George Eliot dijo una vez: "Nunca es demasiado tarde para ser lo que podrías haber sido". Hoy dejo que la inspiración venga de la conexión con la luz más poderosa que emana del resplandor de mi corazón donde el Creador sembró nuestro propósito divino. Ahora, viviendo en mi propósito y haciendo lo que estaba destinada a hacer, me doy cuenta con más fuerza que nunca de que no importa cuándo ni dónde empieces. Solo que empieces a toda costa.

LECTURAS RECOMENDADAS

Como un Hombre Piensa Así es Su Vida, por James Allen (originalmente escrito a finales de los 1800s, publicado en 1902)

Ben & Jerry's: The Inside Scoop—título solo en inglés—por Fred "Chico" Lager (Crown, 1994)

Beyond the Norm—título solo en inglés—por Norm Miller and H. K. Hosier (Thomas Nelson, 1996)

Harry and Ike—título solo en inglés—por Steve Neal (Simon & Schuster, 2002)

Cómo Despedir a tu Jefe y Emplearte a Ti Mismo, por Foster Owusu (Kudo Communications, 2014)

Made in America Mi Historia, por Sam Walton y John Huey (Bantam Books, 1993)

Pampered Chef (The) —título solo en inglés—por Doris Christopher (Currency Doubleday, 2005)

La Bola de Nieve, por Alice Schroeder (Bantam Books, 2008)

La Experiencia Starbucks por Joseph Michelli (McGraw-Hill, 2007)

Time to Make the Donuts—título solo en inglés— por William Rosenberg (Lebhar-Friedman, 2001)

Where Have All the Leaders Gone? —título solo en inglés— por Lee Iacocca (Scribner, 2007)

Libros Publicados por Tremendous Leadership
(www.TremendousLeadership.com)

A Message to Millennials—título solo en inglés— por Tracey C Jones

Being Tremendous: The Life, Lessons, and Legacy of Charlie "Tremendous" Jones—título solo en inglés— por Charlie "Tremendous" Jones

Beyond Tremendous—título solo en inglés—por Tracey C Jones

Life Is Tremendous—título solo en inglés—por Charlie "Tremendous" Jones

Avanzando (Moving Up)—2020 y Más Allá, por John Solleder

Poor, Smart, Rich: Moving from Poverty to Middle Class and Beyond—título solo en inglés— por John Segal

Sales Messenger (The): 10 Lessons for Success in Your Business and Personal Life—título solo en inglés—por Mary Anne Wihbey Davis

Saucy Aussie Living—título solo en inglés—por Tracey C Jones

Secret of Success (The) —título solo en inglés—por R. C. Allen

Setting a True Course: Flight Plans for Life—título solo en inglés—por Gerry Wevodau

SPARK: 5 Essentials to Ignite the Greatness Within—título solo en inglés—por Dr. Tracey C Jones

True Blue Leadership—título solo en inglés—por Tracey C Jones

Lecturas Breves e Impactantes de la Serie Life-Changing Classics

3 Therapies of Life (The)—título solo en inglés—por Charlie "Tremendous" Jones; prólogo por Dr. Tracey C. Jones

7 Golden Rules of Milton Hershey (The) —título solo en inglés— por Greg Rothman; prólogo por Richard Zimmerman

7 Leadership Virtues of Joan of Arc (The)—título solo en inglés— por Peter Darcy

Acres de Diamantes, por Russell H. Conwell; agradecimiento por John Wanamaker

Advantages of Poverty—título solo en inglés—por Andrew Carnegie; prólogo por Dale Carnegie

Como un Hombre Piensa Así es Su Vida, por James Allen

Books Are Tremendous—título solo en inglés—editado por Charlie "T" Jones; introducción por J. C. Penney

Bradford, You're Fired! —título solo en inglés—por William W. Woodbridge

Breakthrough Speaking—título solo en inglés—por Mark Sanborn

Character Building—título solo en inglés— por Booker T. Washington

Discipleship—título solo en inglés— por John M. Segal

From Belfast to Narnia: The Life and Faith of C. S. Lewis—título solo en inglés—por The C. S. Lewis Institute

Greatest Thing in the World (The) —título solo en inglés—por Henry Drummond; introducción por Dwight L. Moody

Key to Excellence (The) —título solo en inglés—por Charlie "T" Jones

Kingship of Self-Control (The) —título solo en inglés— por William George Jordan; prólogo por Charlie "T" Jones

Lincoln Ideals (The) —título solo en inglés—editado por Charlie "T" Jones

Luther on Leadership—título solo en inglés—por Stephen J. Nichols

Maxims of Life & Business—título solo en inglés—por John Wanamaker; prólogo por Elbert Hubbard y Russell Conwell

Un Mensaje a García, por Elbert Hubbard

My Conversion—título solo en inglés—por Charles Spurgeon; editado y compilado por Charlie "T" Jones

Mystery of Self-Motivation (The) —título solo en inglés—por Charlie "T" Jones

El Nuevo Común Denominador del Éxito, por Albert E. N. Gray; prólogo por Charlie "T" Jones

Price of Leadership (The) —título solo en inglés—por Charlie "T" Jones; prólogo por Dr. Tracey C. Jones

Reason Why (The) —título solo en inglés— por R. A. Laidlaw; introducción por Marjorie Blanchard

Ronald Wilson Reagan: The Great Communicator—título solo en inglés—por Greg Rothman

Science of Getting Rich: Abridged Edition (The) —título solo en inglés—por Wallace D. Wattles; editado por Charlie "T" Jones

Self-Improvement through Public Speaking—título solo en inglés—por Orison Swett Marden; introducción por Forrest Wallace Cato

Succeeding with What You Have—título solo en inglés—por Charles Schwab; prólogo por Andrew Carnegie

That Something—título solo en inglés—por William W. Woodbridge; introducción por Paul J. Meyer

Three Decisions (The) —título solo en inglés—por Charlie "T" Jones; prólogo por Dr. Tracey C. Jones

Walt Disney: Dreams Really Do Come True! —título solo en inglés—por Jason Liller

Wit and Wisdom of General George S. Patton (The) —título solo en inglés—compilado por Charlie "T" Jones

www.ingramcontent.com/pod-product-compliance
Lightning Source LLC
Chambersburg PA
CBHW070638050426
42451CB00008B/210